蜜蜂产业从业指南丛书

蜂业维权指南

◎ 刘世丽 李海燕 主编

学习蜂业法规 保卫蜂产安全

中国农业科学技术出版社

图书在版编目（CIP）数据

蜂业维权指南/刘世丽，李海燕主编.—北京：
中国农业科学技术出版社，2014.1
（蜜蜂产业从业指南）
ISBN 978-7-5116-1446-9

Ⅰ.①蜂… Ⅱ.①刘…②李… Ⅲ.①养蜂业-
农业法-中国-指南 Ⅳ.①D922.4-62

中国版本图书馆 CIP 数据核字（2013）第 278976 号

责任编辑	闫庆健　李冠桥
责任校对	贾晓红
出 版 者	中国农业科学技术出版社
	北京市中关村南大街12号　邮编：100081
电　　话	（010）82106632（编辑室）　（010）82109704（发行部）
	（010）82109709（读者服务部）
传　　真	（010）82106625
网　　址	http://www.castp.cn
经 销 者	各地新华书店
印 刷 者	北京华正印刷有限公司
开　　本	710mm×1 000mm　1/16
印　　张	10
字　　数	172 千字
版　　次	2014年1月第1版　2014年1月第1次印刷
定　　价	18.00 元

━━━━━━ 版权所有·翻印必究 ━━━━━━

《蜜蜂产业从业指南》丛书编委会

主　任：吴　杰
副主任：李海燕
编　委：（按姓氏笔画排序）

刁青云	马景芳	王光新	王　安	王　英
王峰霞	王　彪	王　强	方兵兵	石艳丽
石　巍	龙玉媛	付中民	冯　毛	冯淑贞
冯朝军	朱　应	刘世丽	刘　岚	刘朋飞
闫庆健	孙丽萍	李文艳	李建科	李海燕
吴　杰	吴忠高	吴黎明	张红城	陈大福
陈泽华	陈恕仁	陈淑兰	陈黎红	苑吉勇
罗术东	罗照亮	周　军	周　玮	郑　正
房　宇	赵小艳	赵亮亮	洪　毅	徐　响
高爱玲	黄少华	黄京平	曹　磊	梁　勤
彭文君	董　捷	韩巧菊	韩胜明	温　娟
谢双红	熊翠玲	霍　炜		

《蜂业维权指南》编委会

主　　编：刘世丽　李海燕
副 主 编：黄京平　刁青云　周　军
参编人员：（按姓氏笔画排序）
　　　　　刁青云　马景芳　刘世丽
　　　　　李海燕　周　军　黄京平

《蜜蜂产业从业指南》丛书
总　序

  我国是世界第一养蜂大国，也是最早饲养蜜蜂和食用蜂产品的国家之一，具有疆域辽阔、地形多样等特点。我国蜜源植物种类繁多，总面积超过3 000万公顷，一年四季均有植物开花，蜂业巨大潜力待挖掘。作为业界影响力大、权威性强的行业刊物，《中国蜂业》杂志收到大量读者来函来电，热切期望帮助他们推荐一套系统、完善、全面指导他们发展蜂业的丛书。这当中既有养蜂人，也有苦于入行无门的"门外汉"，然而，在如此旺盛的需求背后，市场却难觅此类指导性丛书。在《中国蜂业》喜迎创刊80周年之际，杂志社与中国农业科学技术出版社一起策划出版了这套《蜜蜂产业从业指南》丛书。

  丛书依托中国农业科学院蜜蜂研究所及《中国蜂业》杂志社的人才和科研资源，在业内专家指导、建议下选定了与读者关系密切的饲养技术、蜂病防治、授粉、蜂产品加工、蜂业维权、蜜蜂经济、蜂疗、蜂文化、小经验九个重点方向。丛书联合了各领域知名专家或学科带头人，他们既有深厚的专业背景，又有一线实战经验，更可贵的是他们那份竭尽心力的精神和化繁为简的能力，让本丛书具有较高的权威性、科学性和可读性。

  《蜜蜂产业从业指南》丛书的问世，填补了该领域系统性丛书的空白。具有如下特点：一是强调专业针对性，每本书针对一个专业方向、一个技术问题或一个产品领域，主题明确，适应读者的需要；二是强调内容适用性，丛书在编写过程中避免了过多的理论叙述，注重实用、易懂、可操作，文字

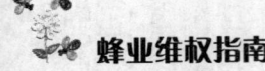

简练,有助掌握;三是强调知识先进性,丛书中所涉及的技术、工艺和设备都是近年来在实践中得到应用并证明有良好收效的较新资料,杜绝平庸的长篇叙达,突出创新和简便。

我们相信,这套丛书的出版,不仅为广大蜂业爱好者提供了入门教材,同时,也为蜂业工作者提供了一套必备的工具书,我们希望这套丛书成为社会全面、系统了解蜂业的参照,也成为业内外对话交流的基础。

我们自忖学有不足,见识有限,高山仰止,景行行止,恳请业内同仁及广大读者批评指正。

2013 年 10 月

前　言

我国是世界养蜂大国，当前从业人员约30万人，随着保健意识的增强，蜂行业将吸引更多人进入。走进蜂产品相关行业，不管是养蜂还是加工，或者蜂产品经营，想要事业能够顺利开展下去，不仅要了解行业相关基础知识，还要掌握国家关于蜂业行业的相关法律、法规、政策指导，这些尤其重要。

本书根据权威性、及时性、实用性原则，相对完整的收集了我国相关部门颁布的最新的蜂业法律、法规、行业质量标准及蜂业从业者的维权实例。力图给读者在蜂业发展规划及法律上提供相对完整的信息。尤其对于初入蜂业行业的人士来说，它可以成为一个随时可以参阅的法律顾问。里面还有相关的法律维权实例，都可以为从业人员的方方面面提供参考。

在本书汇编过程中，我们参阅了大量参考文献和相关的政策、法规。在维权实例部分收集、汇编了《中国蜂业》杂志上历年发表的若干关于法律、法规维权的文章。为了主题更为突出、案例更为典型，编辑对原文有一定程度的删节，在此，我们谨向所有相关文献的作者致以由衷的感谢，也向给予编辑工作帮助的各位专家、领导和同事们致以深深的谢意。

由于编辑水平所限，书中难免产生错误，恳请广大读者谅解，并及时指出本书中的错误与不足。

编　者

2013年11月

目　录

第一章　我国蜂业法律法规 (1)
第一节　国家颁布的与蜂业相关的法律 (1)
《中华人民共和国畜牧法》中与养蜂有关的条款及其释义 (1)
第二节　相关部门颁布的与蜂业相关的法律法规 (3)
一、养蜂管理办法（试行） (3)
二、农业部关于加快蜜蜂授粉技术推广促进养蜂业持续健康发展的意见 (6)
三、农业部办公厅关于印发《蜜蜂授粉技术规程（试行）》的通知 (11)
四、蜜蜂授粉技术规程（试行） (11)
五、农业部关于印发《全国养蜂业"十二五"发展规划》的通知 (18)
六、全国养蜂业"十二五"发展规划 (18)
七、中华人民共和国兽药典养蜂用药摘编 (29)
八、中华人民共和国农业部公告　第193号 (33)

第二章　我国蜂业相关标准 (35)
第一节　与蜂蜜有关的国家标准 (35)
一、中华人民共和国供销合作行业标准 GH/T 18796—2012 蜂蜜 (35)
二、中华人民共和国国家标准食品安全国家标准　蜂蜜 GB 14963—2011 (46)
第二节　与蜂胶有关的国家标准 (51)
中华人民共和国国家标准 GB/T 24283—2009　蜂胶 (51)
第三节　与蜂王浆、蜂王浆冻干粉有关的国家标准 (58)
中华人民共和国国家标准 GB 9697—2008　蜂王浆 Royal jelly (58)
第四节　与蜂王浆冻干粉有关的国家标准 (69)

· 1 ·

中华人民共和国国家标准 GB/T 21532—2008 蜂王浆冻干粉 …… (69)
 第五节 与蜂花粉有关的标准 ……………………………… (73)
  中华人民共和国供销合作行业标准蜂花粉 Bes pollen
  GH/T 1014—1999 ………………………………………… (73)
 第六节 与蜂蜡有关的国家标准 …………………………… (84)
  中华人民共和国国家标准 GB/T 24314—2009 蜂蜡 …… (84)

第三章 国外养蜂法规 …………………………………………… (90)
 第一节 CAC 食品法典中的蜂蜜标准 ……………………… (90)
 第二节 欧盟关于蜂蜜的理事会指令 2001/110/EC ……… (95)

第四章 养蜂涉法维权实例 ……………………………………… (101)
 第一节 蜜蜂中毒、受损维权实例 ………………………… (101)
  一、呼吁有关部门关注蜜蜂农药中毒问题 ……………… (101)
  二、蜜蜂中毒索赔案焦点问题探析 ……………………… (103)
  三、受损蜂群价值评估应注意的几个问题 ……………… (105)
  四、大丰市重视蜜蜂农药中毒案的调解工作 …………… (109)
  五、养蜂者应注意回避意外风险 ………………………… (110)
  六、对"盗蜂"诉讼案的思考 …………………………… (111)
  七、养蜂人的官司打赢了 ………………………………… (113)
  八、用法律武器保护自己的合法权益 …………………… (114)
 第二节 蜜蜂被投毒与赔偿维权实例 ……………………… (115)
  一、蜂场遭恶性投毒,该如何赔偿 ……………………… (115)
  二、挤占场地引发毒蜂案的教训 ………………………… (115)
 第三节 不法侵害案实例 …………………………………… (117)
  一、不法侵害案焦点问题探析 …………………………… (117)
  二、蜂农在莫力达瓦旗遭地痞团伙敲诈殴打致伤案得到查处 … (119)
 第四节 拆迁征地维权实例 ………………………………… (120)
  一、浅析蜂农因政府拆迁遇到的法律问题 ……………… (120)
  二、养蜂法律问题解答 …………………………………… (122)
 第五节 蜂产品质量及安全涉法实例 ……………………… (124)
  一、《食品安全法》中涉及刑法问题解析 ……………… (124)
  二、服务或质量案焦点问题探析 ………………………… (127)
 第六节 交通安全涉法实例分析 …………………………… (130)
  一、养蜂人如何避免及应对交通事故 …………………… (130)

二、蜂农随车押运符合必要性和合理性的法制原则 …………（132）
　第七节　蜜蜂伤人实例分析 ……………………………………（133）
　　一、蜜蜂造成损害应减免养蜂者民事责任 ……………………（133）
　　二、蜜蜂伤人的法律责任与防范 ………………………………（137）
　第八节　其他涉法实例分析 ……………………………………（138）
　　一、行政处罚案的复议与诉讼 …………………………………（138）
　　二、收治安管理费是否合法 ……………………………………（141）
主要参考文献 …………………………………………………（144）

第一章

我国蜂业法律法规

第一节 国家颁布的与蜂业相关的法律

《中华人民共和国畜牧法》中与养蜂有关的条款及其释义

2005年12月29日公布

2005年12月29日全国人大常委会第19次会议表决通过了《中华人民共和国畜牧法》，同日，国家主席胡锦涛签署第45号主席令，公布了《中华人民共和国畜牧法》（以下简称《畜牧法》）。

《畜牧法》中专项或涉及蜂业的有4条，如下。

第二条 "……蜂、蚕的资源保护利用和生产经营，适用本法有关规定。"

释义：本条第三款是关于蜂、蚕适用本法的规定，是关于本法适用范围的特殊规定。

按照本款规定，蜂、蚕的资源保护利用和生产经营，适用本法有关规定。

在本法的起草和审议过程中，对于是否将蜂、蚕纳入调整范围一直有不同看法。考虑到养蜂业和蚕桑业是我国重要的传统动物饲养产业，并在世界上占有十分重要的地位。长期以来，这两个行业的管理立法严重滞后，特别是蜂农权益保护、蜂产品生产环节的污染控制、蚕种资源保护及新品种选育等环节，亟需建立相应的管理制度。因此，畜牧法将蜂、蚕纳入调整范围之中。同时，也考虑到蜂、蚕管理的特殊性，本法只对养蜂业管理，如在"畜禽养殖"一章中对蜂产品的污染控制、维护养蜂者的合法权益和为养蜂者提供必要的便利等作出了一些原则规定。对于蚕种的资源保护、新品种选育、生产经营和推广适用等则授权国务院农业行政主管部门制定管理办法。

第四十七条 国家鼓励发展养蜂业，维护养蜂生产者的合法权益。有关部门应当积极宣传和推广蜜蜂授粉农艺措施。

释义：养蜂是一项不争田、不占地、投资少、见效快的空中农业，是有百利无一害、无污染的节约型产业，是促使农民脱贫致富的一条捷径，养蜂业已成为现代生态农业中的重要组成部分。该条款明确了养蜂业在国民经济中的重要地位，是国家鼓励发展并保护的产业，任何单位和个人不得阻碍养蜂业的发展，不得破坏蜂种资源，不得乱砍滥伐蜜粉源植物，不得损害蜂群，不得破坏养蜂器具，保证养蜂产品质量安全及维护养蜂生产者的利益，不得违反国家财政规定进行乱收费、乱罚款，养蜂者的人身安全及其财产受国家保护。

蜜蜂为农、林、果、蔬等作物授粉，能够大幅度地提高作物的质量和产量，其所产生的经济效益和生态效益更加可观，是蜂产品经济效益的百倍。蜜蜂授粉是解决和替代人工授粉的最佳天然科技手段，是我国养蜂业亟待发展和推广的一个重要产业。各有关部门应有计划地积极宣传和推广蜜蜂授粉，并大力提倡有偿蜜蜂授粉，促进种植业和养蜂业双收双盈。

第四十八条 养蜂生产者在生产过程中，不得使用危害蜂产品质量安全的药品和容器，确保蜂产品质量。养蜂器具应当符合国家技术规范的强制性要求。

释义：养蜂生产者在养蜂生产过程中，要遵循国家及农业部的有关规定，进行规范养蜂生产和用药。基本的要求是按照"《蜜蜂产品生产管理规范》GB/T 21528—2008"进行养蜂生产；按照《兽药管理条例》、"《蜜蜂饲养兽药使用准则》NY/T 5138—2002"、《食品动物禁用的兽药及其他化合物清单》以及中国养蜂学会在全国开展的"蜂产品安全与标准化生产"中的要求，进行规范生产和用药；不得乱用、滥用蜂药，不得使用不符合规定、危害蜂产品质量安全的药品。

养蜂器具也需要符合国家技术规范的强制性要求，不得使用不符合国家技术规范和要求的、污染蜂产品、危害蜂产品质量安全的养蜂器具；不得使用不符合国家技术规范和要求的，盛装过药品、燃料油、食用油或其他化工产品的容器盛装蜂产品，蜂产品包装必须符合《食品企业通用卫生规范》（GB 14881—94）、《蜂蜜卫生标准》（GB 14963—2011）、《蜂蜜》（GB/T 18796—2012）及其他国家相关标准和要求，以确保蜂产品的质量。

生产出的蜂产品质量安全必须符合蜂蜜强制性国家标准和即将出台的蜂王浆强制性国家标准，以及蜂胶、蜂花粉等国家蜂产品质量标准、卫生标准和兽药残留最高限量，确保蜂产品的质量安全。

第四十九条 养蜂生产者在转地放蜂时，当地公安、交通运输、畜牧兽医等有关部门应当为其提供必要的便利。

养蜂生产者在国内转地放蜂，凭国务院畜牧兽医行政主管部门统一格式印制的检疫合格证明运输蜂群，在检疫合格证明有效期内不得重复检疫。

释义：我国疆土辽阔，蜜粉资源丰富，气候不一。"追花取蜜"，转地放蜂，已成为我国养蜂生产的特色，养蜂生产者转地放蜂受国家允许并保护。任何单位和个人不得阻止转地养蜂生产者在当地安置蜂群，各地农业畜牧兽医等有关部门应积极指导安排良好环境的养蜂场地，不得收取占地费；当地公安部门有责任维护转地养蜂生产者的人身和财产安全，积极协助解决发生的意外事故和纠纷，保护养蜂生产者的合法权益；蜂群运输过程中，属于生、活动物，在港口、路口应优先放行，允许运蜂车辆进入高速公路，以避免运蜂车辆由于天气炎热、堵车或停滞时间过长而导致蜜蜂窒息而死，造成不必要的损失；允许蜜蜂及蜂产品列入"绿色通道"；为养蜂生产提供必要的便利。

养蜂生产的蜂群，必须严格按国家有关规定进行检疫，合格者发给检疫合格证明，检疫按照国家有关规定收费并开据发票，不得擅自乱收费。蜂群转地时，要求养蜂生产者携带检疫合格证明，不得伪造或持假的检疫合格证明；在检疫合格证明有效期内，均不得对定地或转地蜂群进行重复检疫。

第二节 相关部门颁布的与蜂业相关的法律法规

一、养蜂管理办法（试行）

中华人民共和国农业部公告第1692号

养蜂业是农业的重要组成部分，对于促进农民增收、提高农作物产量和维护生态平衡具有重要意义。为进一步规范和支持养蜂行为，加强对养蜂业的管理，维护养蜂者合法权益，促进养蜂业持续健康发展，我部组织制定了《养蜂管理办法（试行）》。

特此公告。

附件：《养蜂管理办法（试行）》

2011年12月13日

第一章 总则

第一条 为规范和支持养蜂行为，维护养蜂者合法权益，促进养蜂业持续健康发展，根据《中华人民共和国畜牧法》《中华人民共和国动物防疫法》等法律法规，制定本办法。

第二条 在中华人民共和国境内从事养蜂活动，应当遵守本办法。

第三条 农业部负责全国养蜂管理工作。

县级以上地方人民政府养蜂主管部门负责本行政区域的养蜂管理工作。

第四条 各级养蜂主管部门应当采取措施，支持发展养蜂，推动养蜂业的规模化、机械化、标准化、集约化，推广普及蜜蜂授粉技术，发挥养蜂业在促进农业增产提质、保护生态和增加农民收入中的作用。

第五条 养蜂者可以依法自愿成立行业协会和专业合作经济组织，为成员提供信息、技术、营销、培训等服务，维护成员合法权益。

各级养蜂主管部门应当加强对养蜂业行业组织和专业合作经济组织的扶持、指导和服务，提高养蜂业组织化、产业化程度。

第二章 生产管理

第六条 各级农业主管部门应当广泛宣传蜜蜂为农作物授粉的增产提质作用，积极推广蜜蜂授粉技术。

县级以上地方人民政府农业主管部门应当做好辖区内蜜粉源植物调查工作，制定蜜粉源植物的保护和利用措施。

第七条 种蜂生产经营单位和个人，应当依法取得《种畜禽生产经营许可证》。出售的种蜂应当附具检疫合格证明和种蜂合格证。

第八条 养蜂者可以自愿向县级人民政府养蜂主管部门登记备案，免费领取《养蜂证》，凭《养蜂证》享受技术培训等服务。

《养蜂证》有效期三年，格式由农业部统一制定。

第九条 养蜂者应当按照国家相关技术规范和标准进行生产。

各级养蜂主管部门应当做好养蜂技术培训和生产指导工作。

第十条 养蜂者应当遵守《中华人民共和国农产品质量安全法》等有关法律法规，对所生产的蜂产品质量安全负责。

养蜂者应当按照国家相关规定正确使用生产投入品，不得在蜂产品中添加任何物质。

第十一条 登记备案的养蜂者应当建立养殖档案及养蜂日志,载明以下内容。

（一）蜂群的品种、数量、来源

（二）检疫、消毒情况

（三）饲料、兽药等投入品来源、名称、使用对象、时间和剂量

（四）蜂群发病、死亡、无害化处理情况

（五）蜂产品生产销售情况

第十二条 养蜂者到达蜜粉源植物种植区放蜂时,应当告知周边3 000米以内的村级组织或管理单位。接到放蜂通知的组织和单位应当以适当方式及时公告。在放蜂区种植蜜粉源植物的单位和个人,应当避免在盛花期施用农药。确需施用农药的,应当选用对蜜蜂低毒的农药品种。

种植蜜粉源植物的单位和个人应当在施用农药3日前告知所在地及邻近3 000米以内的养蜂者,使用航空器喷施农药的单位和个人应当在作业5日前告知作业区及周边5 000米以内的养蜂者,防止对蜜蜂造成危害。

养蜂者接到农药施用作业通知后应当相互告知,及时采取安全防范措施。

第十三条 各级养蜂主管部门应当鼓励、支持养蜂者与蜂产品收购单位、个人建立长期稳定的购销关系,实行蜂产品优质优价、公平交易,维护养蜂者的合法权益。

第三章 转地放蜂

第十四条 主要蜜粉源地县级人民政府养蜂主管部门应当会同蜂业行业协会,每年发布蜜粉源分布、放蜂场地、载蜂量等动态信息,公布联系电话,协助转地放蜂者安排放蜂场地。

第十五条 养蜂者应当持《养蜂证》到蜜粉源地的养蜂主管部门或蜂业行业协会联系落实放蜂场地。

转地放蜂的蜂场原则上应当间距1 000米以上,并与居民区、道路等保持适当距离。

转地放蜂者应当服从场地安排,不得强行争占场地,并遵守当地习俗。

第十六条 转地放蜂者不得进入省级以上人民政府养蜂主管部门依法确立的蜜蜂遗传资源保护区、保种场及种蜂场的种蜂隔离交尾场等区域放蜂。

第十七条 养蜂主管部门应当协助有关部门和司法机关,及时处理偷蜂、毒害蜂群等破坏养蜂案件、涉蜂运输事故以及有关纠纷,必要时可以应当事人请求或司法机关要求,组织进行蜜蜂损失技术鉴定,出具技术鉴

定书。

第十八条　除国家明文规定的收费项目外，养蜂者有权拒绝任何形式的乱收费、乱罚款和乱摊派等行为，并向有关部门举报。

第四章　蜂群疫病防控

第十九条　蜂群自原驻地和最远蜜粉源地起运前，养蜂者应当提前3天向当地动物卫生监督机构申报检疫。经检疫合格的，方可起运。

第二十条　养蜂者发现蜂群患有列入检疫对象的蜂病时，应当依法向所在地兽医主管部门、动物卫生监督机构或者动物疫病预防控制机构报告，并就地隔离防治，避免疫情扩散。

未经治愈的蜂群，禁止转地、出售和生产蜂产品。

第二十一条　养蜂者应当按照国家相关规定，正确使用兽药，严格控制使用剂量，执行休药期制度。

第二十二条　巢础等养蜂机具设备的生产经营和使用，应当符合国家标准及有关规定。

禁止使用对蜂群有害和污染蜂产品的材料制作养蜂器具，或在制作过程中添加任何药物。

第五章　附　则

第二十三条　本办法所称蜂产品，是指蜂群生产的未经加工的蜂蜜、蜂王浆、蜂胶、蜂花粉、蜂毒、蜂蜡、蜂幼虫、蜂蛹等。

第二十四条　违反本办法规定的，依照有关法律、行政法规的规定进行处罚。

第二十五条　本办法自2012年2月1日起施行。

二、农业部关于加快蜜蜂授粉技术推广促进养蜂业持续健康发展的意见

农牧发〔2010〕5号

各省、自治区、直辖市及计划单列市农业（农牧、畜牧兽医）厅（局、委、办），新疆生产建设兵团农业局，黑龙江农垦总局：

我国是世界养蜂大国，蜂群数量和蜂产品产量多年来一直稳居世界首位。养蜂业发展对于满足蜂产品市场需求、促进农民增收、提高农作物产量和维护生态平衡做出了重要贡献。但我国养蜂业可持续发展的根基还不稳固，标准化规模生产水平不高，组织化程度很低，一些蜂农的合法权益得不到保障，特别是蜜蜂授粉促进农作物增产观念还没有深入人心，养蜂对农作

物增产应有的功效远未发挥,与世界养蜂业发达国家尚有较大的差距。为深入贯彻落实科学发展观,进一步转变养蜂业发展方式,着力强化蜜蜂授粉的产业功能,夯实产业发展基础,提高综合效益,保障蜂产品质量安全,推动养蜂业持续健康发展,提出如下意见。

(一) 深刻认识养蜂业的重要地位和作用

养蜂业是现代农业的重要组成部分,是维持生态平衡不可缺少的链环,是一项利国利民的事业。发展养蜂业,不仅能够提供大量营养丰富、滋补保健的蜂产品,增加农民收入,促进人民身体健康,而且对提高农作物产量、改善产品品质和维护生态平衡具有十分重要的作用。

1. 发展养蜂业是促进农作物增产的重要手段

实践证明,利用蜜蜂授粉可使水稻增产5%,棉花增产12%,油菜增产18%,部分果蔬作物产量成倍增长,同时还能有效提高农产品的品质,并将大幅减少化学坐果激素的使用。蜜蜂授粉是一项很好的农业增产提质措施,每年我国蜜蜂授粉促进农作物增产产值超过500亿元。按蜜蜂为水果、设施蔬菜授粉率提高到30%测算,全国新增经济效益可达160多亿元,蜜蜂为农作物授粉增产的潜力很大。

2. 发展养蜂业是增加农民收入的有效途径

2008年全国蜂群数量820万群,蜂蜜产量超过40万吨,养蜂业总产值达40多亿元。发展养蜂不与种植业争地、争肥、争水,也不与养殖业争饲料,具有投资小、见效快、用工省、无污染、回报率高的特点,按照一个家庭蜂场饲养100群蜂,正常年份每群蜂纯收入300元计算,每户养蜂年收益可达3万元,带动农民增收效果显著。充分挖掘养蜂业的自身优势,推进标准化、规模化饲养,有助于促进农民持续增收。

3. 发展养蜂业是满足蜂产品市场需求的重要保障

2008年全国人均蜂产品消费量仅0.3千克,部分城市居民和大多数农村居民基本上还没有消费蜂产品。随着人民生活水平的提高和对蜂产品保健功效认识的不断加深,蜂产品消费量将持续增长,对蜂产品质量安全要求也越来越高。只有推动养蜂业持续健康发展,加大政策扶持和生产监管力度,才能稳步增加蜂产品产量,丰富蜂产品花色品种,提升蜂产品质量安全水平,满足日益增长的市场消费需求。

4. 发展养蜂业是保护生态环境的重要举措

蜜蜂授粉对于保护植物的多样性和改善生态环境有着不可替代的重要作

用。世界上已知有16万种由昆虫授粉的显花植物,其中依靠蜜蜂授粉的占85%。蜜蜂授粉能够帮助植物顺利繁育,增加种籽数量和活力,从而修复植被,改善生态环境。受经济发展和自然环境变化的影响,自然界中野生授粉昆虫数量大量减少,蜜蜂授粉对保护生态环境的重要作用更加凸显。

(二)明确促进养蜂业发展的指导思想、原则和目标

1. 指导思想

全面贯彻落实科学发展观,坚持发展养蜂生产和推进农作物授粉并举,加快推动蜜蜂授粉产业发展;以市场为导向,加强扶持,着力改善养蜂业发展的内外部环境;转变养蜂业生产方式,大力推进养蜂业标准化、规模化、优质化和产业化建设,稳步提高蜂产品质量安全水平,积极促进农业增效和农民增收,努力实现养蜂业持续稳定健康发展。

2. 基本原则

坚持统筹协调,统筹国内、国际两个市场,推动发展养蜂生产和促进农业增产、保护生态的良性互动,强化养蜂为农作物授粉增产的功能。坚持市场导向,充分发挥市场机制配制资源的基础性作用;加大政策扶持,强化行业发展的指导与管理,健全相关法规与标准,营造养蜂业发展良好的外部环境。坚持质量至上,推广先进适用饲养技术,严格兽药等投入品使用监督管理,落实各环节的质量责任制度,提高蜂产品质量安全水平。

3. 发展目标

到2015年,全国养蜂数量达到1 000万群,全国蜂产品产量达到50万吨;蜜蜂为农作物授粉增产的配套技术得到普及,形成一批专业化的授粉蜂场,初步实现蜜蜂授粉产业化;生产方式转变取得显著进展,规模化养蜂场(户)和专业合作组织饲养比重由目前的不足40%提高到70%,生产设施化和蜂产品质量安全水平大幅提高,产业化加快发展,养蜂业可持续发展能力进一步增强。

(三)普及推广蜜蜂授粉促进农作物增产技术

1. 强化蜜蜂授粉的科学研究

支持开展授粉蜜蜂饲养管理技术、蜂种培育、病虫害防治、授粉机具等方面的研究。加大蜜蜂授粉的生态效应评价和对农作物增产的机理研究力度,挖掘对主要粮食和经济作物的增产潜力。

2. 大力推广普及蜜蜂授粉技术

选择油菜、棉花、苹果、向日葵、草莓、西瓜、柑橘、枣等蜜蜂授粉增产提质作用明显的农作物品种，推广蜜蜂授粉技术。加强蜜蜂授粉技术的集成与示范，在蜜蜂授粉主要区域，将蜜蜂授粉技术列入农技推广示范的主推技术，加快普及应用步伐。建设一批蜜蜂授粉示范基地，普及授粉蜜蜂饲养技术，探索建立蜜蜂有偿授粉机制。

3. 加快普及绿色植保技术

制定并实施农作物花期农药使用规范，最大限度地减少蜜蜂农药中毒现象的发生。在蜜蜂放养区域特别是授粉关键季节，改进传统的农作物病虫害防控方式，尽量避免花期喷施农药，加大生物防治、生态控制、安全用药等绿色植保技术的推广普及力度，通过对农药的减量替代和使用控制，减轻其对蜜蜂的伤害。

4. 加大蜜蜂授粉技术的宣传

大力宣传蜜蜂授粉对农作物增产和促进生态农业发展的意义与作用，大力宣传各地推行蜜蜂授粉的成功经验和典型事例，使蜜蜂授粉技术的经济和生态效益为社会所认同，营造推广蜜蜂授粉技术的良好社会氛围。

（四）推动蜂产品生产健康发展

1. 优化养蜂业区域布局

要根据区域蜜源植物、蜜蜂饲养、蜂产品加工等条件，明确区域功能定位，充分发挥资源优势、形成各具特色的养蜂业发展区域。东中部地区要利用资金、技术优势，加大科研推广力度，建立一批蜂产品标准化生产基地和优质蜂产品出口生产基地。西部地区要充分发挥蜜源植物丰富的区位优势，增加蜜蜂饲养数量，提高规模化水平，发展特色蜂产品。

2. 完善蜜蜂良种繁育体系

通过畜禽良种工程等项目，加大蜜蜂良种繁育体系的建设的扶持力度，建设蜜蜂育种中心和一批蜜蜂资源场、种蜂场、基因库，满足蜜蜂资源保护以及生产发展的需要。保护和利用好中华蜜蜂资源，严格蜜蜂资源进出口管理。加强省级以上蜜蜂遗传资源保护区、保种场的管理，禁止外来蜂场进入放蜂。加快蜂种种质监督检验测试站建设，强化种蜂质量检测能力。建设蜜蜂良种数据库和信息交流平台，收集、分析、发布全国优良蜂种信息，鼓励推广优良种蜂。

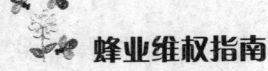

3. 转变养蜂生产方式

制定推广蜜蜂饲养管理相关标准，积极推广规模化、养强群，生产成熟蜜的先进技术。支持建设一批规模化成熟蜜、蜂王浆等优质蜂产品的生产示范基地，建立养蜂日志，健全养殖档案，规范兽药等投入品的使用，实行质量可追溯体系，提高蜂产品质量安全水平。积极推行定地结合小转地放蜂。引导转地放蜂蜂场科学利用蜜源场地，蜂场之间保持适当的距离。鼓励企业、行业协会（学会）、科研院所和大专院校加大养蜂生产技术推广力度，重点对基地、蜂农合作社、大型养蜂场生产人员的培训。

4. 做好蜜蜂疫病防控

强化蜜蜂疫病防控工作，做到种蜂无主要疫病，从源头上提高蜜蜂健康水平。研制推广一批安全有效、低残留的抗菌类蜂用兽药。进一步加强蜂用兽药生产、销售、使用等管理。严禁在蜜蜂巢础生产过程中添加任何药物。研究推广蜂病现场快速诊断技术，提高蜜蜂疾病的诊断准确率。规范蜜蜂检疫行为。强化蜂场日常卫生和蜂群保健，加强蜜蜂蜂螨、白垩病、孢子虫病等危害严重疫病的防控。

5. 构建质量检测和标准体系

继续加强部级和区域蜂产品质量监督检验测试中心建设，完善质量检测体系运行机制，提高检测能力。鼓励加工企业和合作组织加强蜂产品质量检测能力建设。开展蜂产品质量安全监控与风险评估，实施例行检测、应急检测和风险评估，及时把握我国蜂产品质量安全现状。修订蜜蜂饲养、蜂病防治、蜂产品生产、蜂产品质量与检测、蜜蜂授粉等标准，建立健全蜂业标准体系。

（五）加强对养蜂业发展的组织领导

1. 强化对养蜂业发展的指导和管理

各级农牧部门要把促进养蜂业生产发展列入重要的议事日程，制定养蜂业发展规划，健全工作机制，认真组织实施。要加强行业监管，充实养蜂管理人员队伍，重点养蜂区域要有专门人员负责（其他地区要有兼职人员负责），做到层层有人抓、有制度管、有经费推，及时处理养蜂业发展中遇到的突出问题。要密切关注养蜂业发展过程中出现的新情况、新问题，及时采取应对措施，推进养蜂业持续健康发展。

2. 切实保护蜂农的合法权益

指导和培育养蜂专业合作组织，充分发挥其开展饲养管理技术培训、推进产销衔接、维护蜂农合法权益、加强行业自律等方面的重要作用。逐步推行蜂产品优质优价，完善企业与养殖者的利益联结机制。在转地放蜂集中地区，会同有关部门，妥善解决治安、收费、蜂产品销售、蜜蜂农药中毒、人蜂安全等问题，切实保护蜂农的权益。积极支持建立养蜂业风险救助金制度，不断增强蜂农抵御风险灾害能力。

3. 加强多部门协调配合

养蜂业的发展需要多部门加强配合、形成合力。坚持蜂产品生产与农作物授粉相结合，大力推广蜜蜂饲养技术、授粉技术，加大蜜源植物的保护和利用力度。各级农业、畜牧兽医等相关部门要密切配合、通力合作，发挥各自优势和作用，联合科研院所、大专院校、行业协会（学会）和企业等方面力量，共同促进养蜂业持续健康发展。

三、农业部办公厅关于印发《蜜蜂授粉技术规程（试行）》的通知

农办牧 [2010] 8 号

各省、自治区、直辖市及计划单列市农业（农牧、畜牧兽医）厅（局、委、办），新疆生产建设兵团农业局、黑龙江农垦总局：

使用蜜蜂为农作物授粉技术是一项行之有效的农业增产提质措施。为进一步推广蜜蜂授粉技术，转变养蜂业生产方式，提高农作物产量和品质，农业部组织制定了《蜜蜂授粉技术规程（试行）》。现印发给你们，请各地结合生产实际，参照执行，并及时向农业部畜牧业司和种植业司反馈执行过程中遇到的实际问题。

四、蜜蜂授粉技术规程（试行）

蜜蜂是开花植物的主要授粉昆虫。蜜蜂授粉是指以蜜蜂为媒介传播花粉，使植物实现授粉受精的过程。蜜蜂授粉技术是农业生产的重要配套措施之一。本规程规定了有关授粉蜂群的准备、大田作物授粉技术和设施作物授粉技术的操作程序和管理要求等。

1 授粉蜂群的准备

1.1 蜂种

1.1.1 蜜蜂

主要为意大利蜜蜂和中华蜜蜂，适合为果树、蔬菜、油料、瓜类、牧草

等植物授粉。
1.1.2　熊蜂

主要有小峰熊蜂、密林熊蜂、红光熊蜂、明亮熊蜂和欧洲熊蜂等，适合为茄果类蔬菜、瓜类和果树类等设施作物授粉。

1.1.3　切叶蜂

主要有苜蓿切叶蜂，适合为苜蓿等牧草类作物授粉。

1.1.4　壁蜂

主要有凹唇壁蜂等，适合为早春果树授粉。

1.2　蜂群获得

1.2.1　租赁

种植园（户）与养蜂场（或授粉公司）签订授粉租赁合同，租赁蜂群进行授粉活动。租赁合同中应明确付款方式、授粉蜂群的数量和质量、蜂群进场时间、种植园（户）的饲喂方法和用药管理等事项，以维护双方权益。

1.2.2　购买

种植园（户）购买蜂群自行授粉时，应挑选性情温顺、采集力强、蜂王健壮、无白垩病、蜂螨和爬蜂等病症的强群。

1.3　运输

运输蜂群时，要注意如下事项。

①汽车等运输工具清洁无农药污染；

②蜂群饲料充足，长距离运蜂在装车前2小时，每个蜂群加1张水脾；

③固定巢脾及蜂箱，防止运输过程中挤压蜜蜂；

④调整好巢门方向（关门运蜂方式巢门朝前，开门运蜂方式巢门横向朝外）；

⑤合理安排运蜂时间，开巢门运蜂，应在傍晚蜜蜂归巢后进行起运；关巢门运蜂，装车后立即起运。运蜂车应在夜晚行驶，宜在第二天中午前到达，并及时卸下蜂群。长途运输第二天不能到达时，应在上午10点以前把蜂车停在阴凉处，停车（或卸车）放蜂，傍晚再继续运输。

2　大田作物蜜蜂授粉技术

2.1　蜂群配置

2.1.1　进场时间

根据不同植物的流蜜情况，具体决定蜂群进场时间。对于荔枝、龙眼、向日葵、荞麦、油菜等蜜粉丰富的植物，可提前2天把蜜蜂运到场地；对于梨树等泌蜜量少的植物，应等植株开花25%左右时再把蜂群运到场地；对于紫花苜蓿，可在开花10%左右时运进一半的授粉蜂群，7天后再运进另一半；桃、杏、甜樱桃等花期较短的植物则应在初花期就把蜂群送到授粉场地。

2.1.2　蜂群数量

蜂群数量取决于蜂群的群势、授粉作物的面积与布局、植株花朵数量和长势等。一个15框蜂的蜜蜂强群可承担连片分布的授粉作物的面积如下：油菜3~6亩（1亩≈667平方米，全书同）、荞麦6~9亩、向日葵10~15亩、棉花10~15亩、紫云英3~5亩、苕子3~5亩、牧草类6~8亩、瓜果蔬菜类7~10亩、果树类5~6亩。在早春时，因蜂群正处于繁殖阶段，群势相对较弱，每群蜂所能承担授粉的面积相对较小，应适当增加授粉蜂群数量。

2.1.3　蜂群摆放

授粉蜜蜂进入场地后，蜂群摆放应遵循如下原则：如果授粉作物面积不大，蜂群可布置在田地的任何一边；如果面积在700亩以上，或地块长度达2千米以上，则应将蜂群布置在地块的中央，减少蜜蜂飞行半径。授粉蜂群一般以10~20群为一组，分组摆放，并使相邻组的蜜蜂采集范围相互重叠。

2.2　蜂群管理

2.2.1　早春保温

早春气温低，蜂群群势弱，放蜂地应选在避风向阳处，采取蜂多于脾和增加保温物的方法来加强保温。

2.2.2　保持强群

给早春油菜、梨、苹果等植物授粉时，要组织强群，以便在较低温度下可以正常开展授粉活动。

2.2.3　及时采收花粉

对花粉丰富的植物，应及时采收花粉，提高蜜蜂访花的积极性。

2.2.4　蜂群饲喂

蜜蜂授粉期间主要饲喂花粉、糖浆和水，饲喂种类和数量应视授粉作物蜜粉的情况而定。对于油菜、芝麻、柑橘、荔枝、龙眼、荞麦、向日葵、棉花、西瓜、杏、梨、苹果、枇杷、山楂以及牧草等蜜粉较为丰富的作物，在蜜蜂授粉期间，保证干净的饮水供应即可；对于枣树等少数缺粉的作物，应饲喂花粉，以补充蛋白质饲料；对玉米、水稻等有粉无蜜的作物，则应适当饲喂糖浆（糖水比约为2∶1）。

2.2.5 训练蜜蜂积极授粉

针对蜜蜂不爱采访某种作物的习性，或为加强蜜蜂对某种授粉作物采集的专一性，在初花期至花末期，每天用浸泡过该种作物花瓣的糖浆饲喂蜂群。花香糖浆的制法：先在沸水中溶入相等重量的白糖，待糖浆冷却到20~25℃时，倒入预先放有该种作物花瓣的容器里，密封浸渍4小时，然后进行饲喂，每群每次喂100~150克。第一次饲喂宜在晚上进行，第二天早晨蜜蜂出巢前，再补喂一次，以后每天早晨喂一次。也可在糖浆中加入该种作物香精喂蜂，以刺激蜜蜂采集。

2.3 作物管理

2.3.1 用药注意事项

在植物开花前，种植（园）户不得使用氧化乐果、敌敌畏等剧毒、残留期较长的农药；在开花期，授粉作物及其周边同期开花的其他作物均应严禁施药。若必须施药，应尽量选用生物农药或低毒农药。

2.3.2 开花前期管理

对作物进行常规的水肥管理，清除所有与农药有关的物品，待药味散尽后再运蜂进场。授粉作物不进行去雄处理。

2.3.3 合理配置授粉果树

利用蜜蜂为果树授粉时，对于自花授粉能力较差的品种，应间隔均匀地栽培一些供粉植株。对于盛果期的单一品种果园，可将授粉品种果树的花粉放在蜂巢门口，通过蜜蜂的身体接触将花粉带到植物花朵上，起到异花授粉的作用。

2.3.4 授粉后管理

经蜜蜂授粉后，应根据需要及时对作物进行疏花疏果、施肥浇水，提高产品产量和品质。

3 设施作物蜜蜂授粉技术

3.1 蜂群组织

3.1.1 蜜蜂蜂群组织

在秋末，通过培育蜂王，将大蜂群扩繁成1只蜂王、3脾蜂的授粉标准群，蜂箱内保持充足的蜂蜜和适量的花粉，以保证蜂群繁殖。授粉蜂群要提前预防病虫害，保证授粉蜂群无病。对于制种作物，在蜂群进入温室之前，应先隔离蜂群2~3天，让蜜蜂清除体上的外来花粉，避免引起作物杂交。

3.1.2 熊蜂蜂群组织

授粉植物开花前，在温度为29℃左右的饲养室把熊蜂蜂群繁育成有40

只左右工蜂且拥有大量卵、虫、蛹的授粉蜂群,并转入20℃左右的饲养室继续饲养;在放入温室前3天,将熊蜂群移入15℃左右的低温饲养室饲养,同时,在巢箱内加适当适量的脱脂棉或碎纸屑进行保温。在熊蜂群移入温室前,蜂箱内保持充足的花粉和糖水。

3.2 蜂群配置

3.2.1 蜜蜂配置

3.2.1.1 时间

对于设施瓜果蔬菜类花期较长的作物,在初花期将蜂群放入即可;对于设施果树类花期很短的作物,应在开花前5天左右将蜂群放入温室。应选择傍晚时将蜂群放入温室,第二天天亮前打开巢门,让蜜蜂试飞,排泄,适应环境。同时补喂花粉和糖浆,刺激蜂王产卵,提高授粉蜜蜂的积极性。

3.2.1.2 数量

为设施瓜果蔬菜类授粉,对于面积为500~700平方米的普通日光温室,一个标准授粉群(3脾蜂/群)即可满足授粉需要;对于面积较小的温室,则应适当减少蜜蜂数量;对于大型连栋温室,则按一个标准授粉群承担600平方米的面积配置。

为设施果树类授粉,对于面积为500~700平方米的普通日光温室,根据树龄大小和开花多少,每个温室配置2~3个标准授粉群。对于大型连栋温室,则按一个标准授粉群承担300平方米的面积配置。

3.2.1.3 摆放

如果一个温室内放置1群蜂,蜂箱应放置在温室中部;如果一个温室内放置2群或2群以上蜜蜂,则将蜂群均匀置于温室中;蜂箱应放在作物垄间的支架上,支架高度20厘米左右,巢门朝南朝北均可。

3.2.2 熊蜂配置

3.2.2.1 时间

熊蜂适应温室环境能力较强,在温室作物开花前1~2天放入即可。应在傍晚时将蜂群放入温室,第二天早晨打开巢门即可。

3.2.2.2 数量

为设施茄果类、瓜果类、草莓类等开花较少的作物授粉,对于500~700平方米的普通日光温室,1群熊蜂(60只工蜂/群)即可满足授粉需要;对于大型连栋温室,按照1群熊蜂承担1 000平方米的授粉面积配置。

为设施桃、杏、樱桃、梨等开花较多的果树授粉,对于面积为500~

700平方米的普通日光温室,根据树龄大小和开花多少,每个温室配置 2~3 群的标准授粉群。对于大型连栋温室,则按一个标准授粉群承担 500 平方米的面积配置。

3.2.2.3 摆放

如果一个温室内放置 1 群蜂,蜂箱应放置在温室中部;如果一个温室内放置 2 群或 2 群以上蜜蜂,则将蜂群均匀置于温室中。为设施瓜果类、草莓类授粉,蜂箱放在作物垄间的支架上,支架高度 30 厘米左右;为设施果树类授粉,常把蜂箱挂在温室后墙上,巢门朝南,蜂箱高度与树冠中心高度基本保持一致。

3.3 蜂群管理

3.3.1 蜜蜂管理

3.3.1.1 加强保温

温室内夜晚温度较低,蜜蜂结团,外部子脾常常受冻。为此,晚上应在副盖上加草帘等保温物,维持箱内温度相对稳定,保证蜂群能够正常繁殖。

3.3.1.2 喂水

温室内蜂群的喂水通常有两种,一是巢门喂水,采用喂水器进行喂水;二是在蜂箱前约 1 米的地方放置一个碟子,每隔 2 天换一次水,在碟子里面放置一些草秆或小树枝等,供蜜蜂攀附,以防蜜蜂溺水死亡。

3.3.1.3 喂糖浆

温室内大多数作物因面积和数量有限,花朵泌蜜不能满足蜂群正常发育,尤其为蜜腺不发达的草莓等授粉时,通常在巢内饲喂糖水比为 2∶1 的糖浆。

3.3.1.4 喂花粉

花粉是蜜蜂饲料中蛋白质、维生素和矿物质的唯一来源,对幼虫生长发育十分重要。通常采用喂花粉饼的办法饲喂蜂群。花粉饼的制法:选择无病、无污染、无霉变的蜂花粉,用粉碎机粉成细粉状;将蜂蜜加热至 70℃ 趁热倒入盛有花粉的盆内(蜜粉比为 3∶5),搅匀浸泡 12 小时,让花粉团散开。如果花粉来源不明,应采用高压或者微波灭菌的办法,对蜂花粉原料进行消毒灭菌,以防病菌带入蜂群。每隔 7 天左右喂一次,直至温室授粉结束为止。

3.3.1.5 调整蜂脾关系

温室特别是日光温室的昼夜温度、湿度变化大,容易使蜂具发生霉变而引发病虫害。在授粉后期,对于草莓等花期较长的作物,要及时将蜂箱内多余的巢脾取出,保持蜂多于脾、或者蜂脾相称的比例关系。

3.3.2 熊蜂管理

3.3.2.1 饲喂

为桃、杏等花期集中且花粉较多的果树授粉时，熊蜂一般不需要补充饲喂食物。为草莓等花期较长且花粉较少的作物授粉时，需要饲喂花粉和糖水。饲喂花粉的方法与蜜蜂相同。饲喂糖水时，通常在蜂箱前面约1米的地方放置一个碟子，里面放置50%的糖水少许，每隔2天更换1次；同时，在碟子内放置一些草秆或小树枝，供熊蜂取食时攀附。

3.3.2.2 移箱

为花期错开的果树授粉时，完成前一批果树授粉任务的熊蜂，可以继续为后一批开花的果树授粉。具体方法为：前一温室授粉结束时，在晚上熊蜂回巢后关闭巢门，然后将蜂箱移至新的温室，第二天早晨打开巢门即可。

3.3.2.3 及时更换蜂群

一群熊蜂的授粉寿命为45天左右。为长花期的作物如番茄、草莓等授粉时，应及时更换蜂群，保证授粉正常进行。

3.3.2.4 检查蜂群

蜂群活动正常与否，可以通过观察进出巢门的熊蜂数量来判断。在晴天的9:00~11:00，如果在20分钟内有8只以上的熊蜂进出蜂箱，则表明这群熊蜂处于正常的状态。对于不正常的蜂群应及时更换。

3.4 温室管理

3.4.1 隔离通风口

用宽1.5米左右的尼龙纱网封住温室通风口，防止温室通风降温时蜜蜂或熊蜂飞出温室冻伤或丢失。

3.4.2 控温控湿

蜜蜂授粉时，温室温度一般控制在15~35℃；熊蜂授粉时，温室温度一般控制在15~25℃。

中午前后通风降温时，温室内相对湿度急剧下降。对于蜜蜂授粉的温室，可以通过洒水等措施保持温室内湿度在30%以上，以维持蜜蜂的正常活动。

3.4.3 作物管理

放入授粉蜂群前，对温室作物病虫害进行一次详细的检查，必要时采取适当的防治措施，随后保持良好的通风，去除室内的有害气体。

作物栽培采用常规的水肥管理，花朵不去雄。为温室果树授粉时，花期应在温室地面上铺上地膜，保持土壤温度和降低温室内湿度，有利于花粉的萌发和释放。

授粉结束后，根据作物生产需要调整温度、湿度，加强水肥管理和病虫害防治。果树视情况进行疏果。

3.4.4 用药注意事项

在植物开花前，不能使用残留期较长的农药如敌敌畏、乐果等。在植物开花期间，要避免使用毒性较强的杀虫剂如吡虫啉、毒死蜱等。如果必须施药，应尽量选用生物农药或低毒农药。施药时，一般应将蜂群移入缓冲间以避免农药对蜂群的危害，如在施用百菌清等杀菌剂时或夜晚采用硫磺熏蒸防治作物灰霉病和烂根病等病害时，将蜂群移入缓冲间隔离一天，然后原位放回即可。利用熊蜂为设施茄果类授粉时，不宜再喷洒2,4-D和赤霉素等植物生长调节剂。

五、农业部关于印发《全国养蜂业"十二五"发展规划》的通知

农牧发〔2010〕14号

各省（自治区、直辖市）畜牧兽医（农牧、农业）厅（局、委、办），新疆生产建设兵团畜牧兽医局，黑龙江、广东、云南省农垦总局：

养蜂业是农业的重要组成部分，对于促进农民增收、提高农作物产量和维护生态平衡具有重要意义。为加强对我国养蜂业发展的管理与指导，推动产业持续健康稳定发展，结合养蜂业发展实际，我部组织编制了《全国养蜂业"十二五"发展规划》（附后。以下称《规划》）。现予印发，请认真贯彻落实。

2010年12月27日

六、全国养蜂业"十二五"发展规划

我国是世界养蜂大国，养蜂数量和蜂产品产量多年来一直稳居世界首位。养蜂业的稳定发展对于促进农民增收、提高农作物产量和维护生态平衡都具有重要意义。为促进养蜂业持续健康稳定发展，结合生产发展实际，制定本规划。

（一）发展概况

1. 主要成就

改革开放以来，我国养蜂业经历了快速发展、巩固提高和稳步增长三个

阶段。进入新世纪后,我国蜂群数量、蜂产品产量稳定增长,养蜂业生产规模不断扩大,单产水平和蜂产品质量不断提高,养蜂业继续保持稳定发展态势。

(1) 养蜂生产总体保持稳定发展。我国养蜂生产在 20 世纪 70~80 年代发展较快,处于快速上升阶段,1988 年全国蜂群数量达到 780 万群。之后进入了 10 多年的调整巩固期,2000 年全国蜂群数量下降到 680 万群。近年来,我国养蜂生产开始稳步回升,2009 年全国蜂群数量达到 820 万群,蜂蜜产量上升到 40 万吨,蜂王浆和蜂花粉产量均超过 4 000 吨,蜂胶 350 多吨,养蜂业总产值达 40 多亿元。

(2) 标准化饲养和区域化发展进程加快。各地不断创新蜜蜂饲养方式,更新养蜂机具,加快生产科技推广,加强疫病防控,养蜂业标准化规模饲养发展很快。全国蜂群平均单产由 1999 年的 31 千克增加到 2009 年的 48 千克。浙江、四川、湖北等传统养蜂大省的饲养优势得到进一步加强,浙江省养蜂业产值在全省畜牧业中居第三位。黑龙江、吉林等新兴养蜂基地迅速崛起,蜂群饲养数量和蜂产品产量大幅增加。

(3) 蜂产品加工能力和出口数量大幅提升。近十几年来,我国蜂产品加工逐渐摆脱传统的作坊生产模式,工厂化、标准化生产加工水平不断提高,市场开拓能力明显增强。蜂蜜、蜂王浆等传统产品加工稳步发展,蜂花粉、蜂胶等新产品不断推出,蜂产品花色品种和数量日益丰富。全国涌现出一批出口产值超亿元的企业,2009 年,我国出口蜂产品金额超过 10 亿元,比 1999 年增长 80.3%。

(4) 养蜂业带动农民增收和农作物增产作用进一步增强。养蜂业具有投资小、见效快、回报率高的特点,按照一个家庭蜂场饲养 100 群蜂,正常年份每群蜂纯收入约 300 元计算,每户年收入可达 3 万元,带动农民增收作用明显。目前,蜜蜂授粉业发展正呈方兴未艾之势,北京、浙江的设施农业授粉,内蒙古的向日葵授粉,广东、福建的荔枝、龙眼授粉等已初具规模。通过蜜蜂授粉,使油菜、棉花、油葵、草莓、苹果、白莲等农作物产量大幅增加,品质显著改善。据测算,全国每年通过授粉使农作物增产产值达 500 亿元。

在养蜂业的发展进程中,各地积累了一些好的经验和做法,概括起来主要有:以国内外市场需求为导向,重点加强国内蜂产品市场开拓,不断扩大消费市场;以蜂产品质量安全为保障,重点加强标准化生产管理,不断提高质量安全水平;以产业化发展为突破,重点加强行业组织建设,不断探索创新养殖加工环节的利益联结机制。

2. 存在问题

我国是世界第一养蜂大国，但不是养蜂强国，养蜂业还存在一些亟待解决的突出问题。一是标准化规模生产程度低。我国养蜂业属于劳动密集型产业，蜂场规模小，蜜蜂良种化程度不高，蜂螨、白垩病、中蜂囊状幼虫病和爬蜂综合征等疫病还比较突出，蜂群健康状况、蜜蜂育种以及机械化生产水平与国外相比差距较大，抵御自然灾害和市场风险能力弱。二是蜜蜂授粉增产的意识不强。与美国等发达国家相比，国内对蜜蜂授粉的重要性认识还不足，宣传力度不够，专业性授粉蜂群数量较少，养蜂为农作物授粉增产技术普及率不高。目前，粮食、果树、蔬菜等农作物流蜜期喷洒的部分农药对蜜蜂毒性较大，由于蜂农不了解农药使用情况，造成蜜蜂大批死亡，给养蜂业造成较大损失。三是蜂产品质量安全水平不高。部分蜂药使用不规范，蜂产品质量和检测检验标准还不完善，市场监管较为薄弱；加工企业总体生产技术水平落后，个别企业还存在追求数量、不重质量的问题。四是养蜂业组织化程度低。近年来，部分地方养蜂管理机构逐渐弱化，养蜂行业组织发展还比较滞后，技术推广、维权服务、产销衔接等职能还没有充分发挥，养蜂者的合法权益难以保障。此外，养蜂条件艰苦、设施落后，随着社会经济的快速发展，年轻人不愿从事养蜂业，养蜂人员老龄化现象凸显。

3. 养蜂业具有较大的发展潜力

应当看到，我国养蜂业从业人员众多，蜜源植物丰富，蜜蜂授粉和蜂产品市场消费量巨大，具有很大的发展潜力。

（1）市场消费方面。2009年我国人均蜂产品消费量为0.3千克，部分城市居民和大多数农村居民基本上还没有消费蜂产品。随着人民生活水平的不断提高和对蜂产品保健功效认识的不断加深，人均蜂产品消费量将继续呈增长趋势，消费需求增长空间很大。按照2000—2009年蜂产品消费年均增长4%推算，2015年人均蜂产品潜在消费量将达到0.35千克，届时按照全国人口14亿计算，则需要50万吨蜂产品，蜂产品生产量需要在目前的基础上增加30%。近年来，我国蜂产品出口数量增长缓慢，但贸易额增加较快，今后一个时期将继续保持这种趋势。随着国内需求不断增长，蜂产品生产增加部分主要销往国内市场。

（2）蜜源植物承载量方面。目前，我国饲养的蜜蜂70%为西蜂，30%为中蜂。平原地区（农区）以饲养西蜂为主，山区（林区）则以饲养中蜂为主。到2015年，按照每群蜂生产50千克优质蜂蜜计算，生产50万吨蜂蜜需要饲养1 000万群左右的蜜蜂。据国家统计局及国家林业局统计，2008年我国主要的农业类蜜源植物约为28.5万平方千米，林业区经济林种植面积约为20.2万平方千米，理论可承载5 000万群蜜蜂，即使实际利用率按照30%计算，我国现有的蜜源植物也完全能够承载1 000万群以上的蜜蜂。

（3）蜜蜂授粉方面。蜜蜂为农作物授粉可以显著提高农作物产量和品质。目前，我国蜜蜂授粉工作还处于起步阶段，发展还远不能满足农业生产和生态环境保护的需要。今后将蜜蜂授粉作为商品化、专业化的产业，建立健全蜜蜂授粉配套服务体系，提高农作物产量，增加农业效益，促进生态环境可持续发展，潜力巨大。

（二）指导思想、原则和目标

1. 指导思想

深入贯彻落实科学发展观，以市场为导向，加强政策扶持，着力改善养蜂业发展的内外部环境；转变养蜂业发展方式，优化区域布局，大力推进养蜂业的标准化、规模化、优质化和产业化，坚持发展养蜂生产和推进农作物授粉并举，加快推动蜜蜂授粉产业发展；以国家蜂产业技术体系建设为抓手，加强蜂产业关键技术研究，提升科研自主创新能力，稳步提高蜂产品生产技术水平和质量安全水平，积极促进农业增产、农民增收和生态增效，努力实现养蜂业持续稳定健康发展。

2. 基本原则

坚持统筹协调，统筹国内、国际两个市场，推动发展养蜂生产和促进农业增产、生态保护的良性互动，强化养蜂为农作物授粉增产的功能。坚持市场导向，充分发挥市场机制在资源配置中的基础性作用，大力引导资金、技术、人才投入产业；加大政策扶持，强化对行业发展的指导、管理和服务，健全相关法规与标准，营造养蜂业发展良好的外部环境。坚持质量至上，推广先进适用饲养技术，严格兽药等投入品使用监督管理，落实各环节的质量负责制度，提高蜂产品质量安全水平。

3. 发展目标

蜂产品生产能力稳步提高。到2015年，全国养蜂数量达到1 000万群，其中，西蜂650万群，中蜂350万群。在提高质量的前提下，稳步增加产量，力争蜂蜜产量达到50万吨。

生产方式转变取得显著进展。到2015年，年饲养100群蜜蜂以上的规模化养殖场（户）和专业合作组织比重由目前的不足25%提高到50%，养蜂业机械化水平进一步提高；蜜蜂规范饲养标准得到广泛推行，危害蜂群健康的蜂螨、孢子虫病、白垩病、中蜂囊状幼虫病、爬蜂综合征等得到有效控制。

蜜蜂授粉增产技术得到大力推广。蜜蜂为农作物授粉增产技术得到普及，形成一批专业化的授粉蜂场，初步实现蜜蜂授粉产业化。

蜜蜂资源保护和种蜂生产能力明显增强。到2015年，国家级和部分省级蜜蜂资源基因库、保种场、保护区得到建设完善；种蜂场供种能力显著提高，全国优质种蜂年供应能力由目前的2万只增加到4万只。

蜂产品质量安全大幅提高。到2015年，规模养蜂场（户）基本建立养殖档案和养蜂日志，兽（蜂）药等投入品使用规范；蜂产品质量追溯制度基本建立，蜂产品质量检测评价体系和标准体系更趋完善，蜂产品质量符合国家有关标准。

蜂业产业化加快发展。到2015年，60%以上的蜂农加入专业合作组织，蜂农与企业的蜂产品产销衔接更加紧密；行业组织在技术培训、产销衔接、信息发布、维权服务等方面的作用得到充分发挥。

（三）发展重点

推进标准化饲养。加大蜂产品标准化生产基地建设投入，支持龙头企业建立标准化示范基地。推广蜜蜂饲养标准和规范，推动机械化饲养，建立养殖档案和养蜂日志，提高饲养效益，解决兽药残留超标等突出问题。推行蜜蜂强群饲养技术，切实加强疫病防控，有效降低传染病、多发病的发病率。

大力推广普及蜜蜂为农作物授粉增产技术。加大宣传力度，开展蜜蜂为农作物授粉增产示范，鼓励和发展专业化授粉蜂场，普及蜜蜂为农作物授粉增产技术，逐步提高授粉收入占养蜂总收入的比例，促进蜜蜂授粉业的产业化发展。

扶持养蜂业产业化组织化发展。发展以蜂农为基础、专业合作组织为依托、蜂产品加工企业为龙头的蜂业产业化经营方式。鼓励蜂产品加工企业通过订单收购、建立风险基金、返还利润、参股入股等多种形式，与蜂农结成稳定的产销关系、形成紧密的利益联结机制。积极扶持养蜂合作社、蜂业协会等农民专业合作组织的发展，发挥其在维护蜂农利益、产销衔接、技术培训等方面的重要作用。

加强资源保护与利用。按照《畜牧法》和《畜禽遗传资源保种场保护区和基因库管理办法》的要求，加大对蜜蜂资源场、保护区、基因库基础设施建设的投入，完善配套设施。对重点蜜蜂种质资源保护予以支持，提高资源保护能力。加强种蜂场建设，提高供种能力和质量。

完善质量标准、检测、评价体系。结合产业发展实际和产品质量安全管理，修订和完善相关技术标准。加强检测和评价技术研究，完善蜂产品检测体系和质量评价体系。建立产品追溯制度，推广蜂产品质量安全标准，提高蜂产品质量安全水平。

（四）发展区域布局

基于养蜂生产发展实际、蜂产品加工水平、蜜源植物利用现状等，将全国养蜂业发展布局划分为华北、东北（内蒙古）、华东、中南、西南、西北六个区域，确定各区域的主攻方向和2015年的发展目标。

1. 华北地区

基本情况：本区域包括北京、天津、河北、山西和山东5省（市），蜜蜂饲养技术水平较高，2009年蜂群数量为70多万群，年生产蜂蜜2.4万吨。蜜源植物主要有荆条、洋槐、枣树等，是我国优质蜂蜜的重要产区。该区域蜂产品消费市场大，加工能力强，拥有多家大型蜂产品加工企业；拥有国家级蜂业科研机构、蜂产品检测机构和蜜蜂育种、保种中心。山西省是我国蜂药研发和生产的主要基地。

主攻方向：以发展西蜂标准化规模饲养，建立和完善产品安全与标准化生产管理体系为主，兼顾华北中蜂资源的保护与利用。建设优质洋槐蜜、枣花蜜和荆条蜜生产基地。进一步加强高效无残留的蜂药研发和生产。加大设施农业蜜蜂授粉技术的推广力度。选育和推广优质蜂种。加强对蜜蜂饲养技术、蜂产品检测技术和蜂产品质量可追溯技术的研究推广。

发展目标：稳定蜂群数量，提高蜂产品质量，规模化、集约化养蜂程度显著提高。建立一批优质洋槐蜜生产基地，建立一批蜂产品标准化生产示范基地和设施农业蜜蜂授粉技术示范基地。蜂药质量全部符合国家有关法律、法规要求。检测机构对蜂产品质量的检测能力达到国际先进水平。

2. 东北内蒙地区

基本情况：本区域包括内蒙古自治区（以下称内蒙古）、辽宁、吉林和黑龙江4省（区），2009年蜂群数量达到83万群，年生产蜂蜜3.3万吨。蜜源植物主要有椴树、刺槐、胡枝子、向日葵、荞麦、牧草等，到本区域转地放蜂的数量较大，是我国优质椴树蜜主要的生产和出口基地。区内有国家级蜜蜂遗传资源基因库一个、东北黑蜂国家级保护区一个、国家级蜜蜂保种场两个,是我国蜜蜂种质资源保护和利用的重要基地。

主攻方向:保护椴树等蜜源植物,加大优质蜂产品生产基地建设力度。继续发挥种质优势,保护和利用黑蜂资源。加强长白山中蜂保护区、种蜂扩繁场、种蜂质量监测检验中心建设。以饲养西蜂为主,加强优良蜂种的繁育和推广,实现蜜蜂饲养良种化。加大设施农业蜜蜂授粉技术的推广力度。

发展目标:在黑龙江、吉林建立椴树蜜生产基地,在辽宁建立荆条、洋槐蜜生产基地。蜂群数量以每年5%增长,至2015年达到110万群,蜂蜜产量达到5万吨。东北黑蜂等地方蜜蜂资源得到有效保护。向日葵等农作物蜜蜂授粉技术得到普及,设施农业生产基本采用蜜蜂授粉。

3. 华东地区

基本情况:本区域包括上海、江苏、浙江、安徽、江西、福建6省(市),主要以饲养西蜂为主,向外转地放蜂数量较大,2009年蜂群数量为190万群,蜂蜜产量13万吨,蜂王浆产量占全国总产量的50%以上,是我国蜂王浆主要生产和出口地区。区内蜜源资源较为丰富,主要蜜源有油菜、紫云英、荔枝、龙眼、柑橘等。本区域是我国蜜蜂饲养技术水平较高的地区之一,科研和加工力量雄厚,是我国竹木、塑料蜂具主要生产基地,蜂产品生产种类齐全。该区域种植的蜜源面积(油菜、紫云英等)随农业种植方式的改变而萎缩,但山区蜜源资源利用还不充分。

主攻方向:加强对本地中蜂资源保护和利用,建立皖赣山区、大别山区中蜂资源保护区。浙江加强优质王浆蜂种的选育。安徽、福建、江西3省的山区,以定地为主,小转地为辅发展中蜂的饲养,生产特色蜂蜜。加强蜂产品的深度开发研究,加大优质蜂具生产,加快优质蜂产品生产基地建设。加大中蜂囊状幼虫病等疫病的防控技术研究力度。加大设施农业蜜蜂授粉技术的推广力度。加强养蜂专业合作组织建设,加快蜂农风险救助机制建立,保护蜂农的合法权益。

发展目标:稳定现有西蜂数量,增加中蜂的饲养量,蜜源植物得到充分利用,产品质量得到进一步提高。加大优质蜂具生产基地建设。中蜂囊状幼虫病、爬蜂综合征等疫病得到有效控制。建立一批蜂产品标准化生产示范基地和设施农业蜜蜂授粉技术示范基地。

4. 中南地区

基本情况:本区域包括河南、湖北、湖南、广东、广西壮族自治区、海南6省。2009年蜂群总数为190多万群,蜂蜜产量13.5万吨。区内蜜源植物丰富,河南、湖北、湖南主要有油菜、枣树、刺槐、柑橘、紫云英等;广东、广西壮族自治区（以下称广西）、海南以荔枝、龙眼、山乌桕、八叶五加为主。本区域拥有年加工出口蜂蜜万吨以上的大型企业，是我国蜂蜜的重要加工和出口基地，蜂产品消费能力较强。

主攻方向：广东、广西和海南以发展中蜂为主；湖南、河南、湖北以发展西蜂主。建立优质油菜蜜生产基地和山桂花蜜生产基地，加强优质蜂产品生产基地的建设。大力支持养蜂专业合作社建设，加强对蜂农的技术培训，促进养蜂户向标准化规模饲养发展。加大对蜜源植物资源和中蜂资源的保护利用力度，建立中蜂保种场和保护区。发展特色蜂蜜生产，提高蜂产品质量。开展果树蜜蜂授粉技术推广工作。加强对中蜂囊状幼虫病的防控研究。

发展目标：稳定蜂群数量，提高蜂产品质量，建立一批特色蜂产品生产基地和蜂产品标准化生产基地；主产省建成一批优质蜂产品生产基地。区内油菜、荔枝、龙眼等农作物蜜蜂授粉率达到60%以上。建立神农架国家级中蜂自然保护区。中蜂囊状幼虫病得到有效的控制。

5. 西南地区

基本情况：本区域包括重庆、四川、贵州、云南和西藏自治区（以下称西藏）5省（区、市），2009年蜜蜂饲养量为230多万群，蜂蜜产量6.5万吨。这一区域除西藏之外，地理位置特殊，气候温和，蜜源植物和蜜蜂品种资源丰富，四季蜜源不断，发展中蜂、西蜂饲养都有一定的优势和条件，是我国主要的蜜蜂繁育基地和蜂蜜生产基地之一。

主攻方向：中蜂与西蜂发展并举，坝区和丘陵区以发展西蜂为主，重点推广蜜蜂规模化、标准化饲养技术，建立和完善产品安全与标准化生产管理体系。山区和深山区以发展中蜂饲养为主，利用山区蜜源优势，大力推广中蜂活框饲养技术，着力提高蜂群单产水平，增加养殖效益。加大西藏地区蜜蜂饲养技术推广力度，扩大饲养规模，增加蜂产品产量。利用蜜源优势生产具有地方特色的优质蜂产品。加强对本地中蜂资源保护和利用，以及中蜂囊状幼虫病的防控研究。

发展目标：到2015年，蜜蜂饲养量达到300万群（其中，中蜂150万群），年生产蜂蜜8万吨。建立完善产品安全与标准化生产管理体系，中蜂资源得到有效保护和利用，蜜蜂养殖效益和蜂产品质量安全水平明显提高。逐步建设成为我国的蜜蜂越冬春繁基地、养蜂生产基地、特色蜂蜜生产基地、优质蜂产品生产基地。

6. 西北地区

基本情况：本区域包括陕西、甘肃、青海、宁夏回族自治区（以下称宁夏）和新疆维吾尔自治区（以下称新疆）5 省（区），2009 年饲养蜜蜂 50 万群，生产蜂蜜 1.4 万吨。本区域夏秋蜜源植物种植面积大，特色蜜源植物与草地植物等蜜源资源丰富，蜜源植物尚未得到充分利用，蜂群单产水平低。青海、甘肃是夏秋季转地放蜂比较集中的区域，青海生产的蜂王浆品质优良。主攻方向：新疆保护和发展黑蜂，加快推进规模饲养，产品以生产优质特色蜜为主。青海建设优质蜂王浆、蜂花粉生产基地。陕西、甘肃、宁夏在发展西蜂饲养的基础上，充分利用资源优势，在山区发展中蜂，建立中蜂资源保护区，扩大饲养规模，推广中蜂活框饲养技术，提高养蜂生产水平和养殖效益。加大中蜂资源的保护和利用力度。在扶持本地养蜂发展的同时，积极做好对外来转地蜂群的接待和安置工作。

发展目标：到 2015 年，蜂群饲养量达到 80 万群，年生产蜂蜜 2.5 万吨。养蜂生产水平和养殖效益大幅提高，转地放蜂者权益得到有效保障。建成我国优质蜂蜜、蜂王浆、蜂花粉生产基地和蜜蜂授粉示范基地，农作物蜜蜂授粉技术得到逐步推广。

（五）重点项目

1. 蜂产品基地建设

蜂产品示范基地建设。重点依托国家蜂产业技术体系综合试验站，培育一批标准化蜂蜜生产示范基地和蜂王浆生产示范基地。

支持蜂农专业合作社发展。在全国发展一批示范蜂农合作社和养蜂协会，联合分散养殖户形成大规模养蜂团体，使其在维护蜂农利益、协商蜂产品收购价格、为蜂农提供服务等方面发挥作用。

科技推广和蜂农技术培训。鼓励支持企业、行业组织和科研单位加大养蜂生产技术推广力度，重点加强对生产基地、蜂农合作社、大型养蜂场生产人员的培训。加强蜂农职业技能培训。注重山区、贫困地区、老少边远地区的养蜂知识普及。五年内，全国培训蜂农 10 万人次以上。

扶持养蜂生产。结合养蜂业发展的实际，探索对蜂农、蜂业合作社的蜜蜂饲养以及养蜂机具购置等给予补贴。

2. 蜜蜂授粉增产技术体系建设

建设蜜蜂授粉示范基地。重点依托国家蜂产业技术体系综合试验站，在全国建立一批蜜蜂授粉示范基地，探索政府蜜蜂授粉补贴政策，加快普及绿色植保技术，加强宣传与普及蜜蜂为农作物授粉增产技术，带动蜜蜂授粉产业的发展。

建立蜜蜂授粉技术研究与推广体系。建立蜜蜂授粉技术研究推广中心，支持有关单位开展蜜蜂为农作物授粉增产机理及技术的研究推广。

3. 蜜蜂资源保护与种蜂良种繁育

蜜蜂种质资源保护。建设中蜂等资源场15个，保护区8个，完善"国家蜜蜂遗传资源保护中心"，完善资源基因库2个，并建立相应的遗传资源动态监测系统。

蜜蜂新品种培育。建设蜜蜂育种中心，培育5个蜜蜂新品种（系）。

蜜蜂遗传改良和良种繁育。在养蜂大省和种源基础较好的省份改扩建种蜂场10个。

种蜂质量监测。新建蜜蜂种质鉴定中心，建设蜜蜂良种数据库，收集、分析、发布全国优良蜂种信息。

4. 蜂病防控

蜂药研制。研制推广一批高效无残留的杀螨、抗菌蜂药。

加强疫病防控。研究推广蜂病防控技术和实验室及现场快速诊断技术，提高蜜蜂疾病的诊断准确率。强化蜂场日常卫生防疫管理和蜂群保健，加强蜂螨、白垩病、蜜蜂孢子虫病、中蜂囊状幼虫病和爬蜂综合征等危害严重的疫病的防控。

加强蜂药使用管理。加强蜂药等投入品使用指导与管理，规范使用时期和剂量，严格执行休药期。

5. 蜂产品质量检测体系建设

质量检测体系建设。继续加强农业部蜂产品质量监督检验测试中心（北京）建设，将各地蜂产品质量检测功能纳入各地综合质检体系，完善质量检测体系运行机制，提高检测能力。鼓励加工企业和合作组织加强蜂产品质量检测能力建设。

检测和评价技术研究。开展蜂产品真实性检测和评价技术研究、蜂蜜类别区分技术研究、污染物检测和评价技术研究、快速检测技术研究。

蜂产品质量安全监控与风险评估。加大蜂产品质量检测投入，加强蜂药等投入品质量安全的监督检验，实施例行检测、应急检测和风险评估，及时掌握我国蜂产品质量安全现状。研究适合我国蜂产品质量安全的风险评估方法，实施危机预警报告制度。

完善蜂产品标准体系。及时修订完善蜜蜂饲养、蜂病防治、蜂产品生产、蜂产品检测、授粉利用等标准，建立健全蜂业标准体系。

（六）保障措施

1. 加大对养蜂业发展的支持与保护

制定完善相关管理制度，进一步加强蜂药生产、销售、使用等管理，建立和健全规模蜂场备案与养殖档案制度，规范蜜蜂检疫行为。探索建立养蜂主产区成熟蜜生产补贴和政策性保险政策，提高养殖积极性，降低养殖风险。推动出台蜜源植物保护利用政策，探索有偿授粉机制，协调有关部门在植树造林、退耕还林还草项目中支持蜜源植物种植。

2. 保护蜂农合法权益

逐步推行蜂产品优质优价，完善企业与养殖户的利益联结机制。在转地放蜂集中地区，配合有关部门，妥善解决治安、收费、蜂产品销售、蜜蜂农药中毒、人蜂安全等问题，保护蜂农的人身权益和经济利益。鼓励和支持农户在粮食、果树、蔬菜等农作物流蜜期采用绿色防控技术，喷洒对蜜蜂低毒的农药。加快推行农药喷洒事先告知制度，探索建立种植农户和蜂农间的信息沟通渠道和机制。积极支持建立养蜂业风险救助金制度，不断增强蜂农抵御风险灾害能力。

3. 加快科技研发与应用步伐

建立产学研密切结合的技术支撑体系，加快养蜂和蜜蜂授粉技术的研究和推广普及。加大对新型养蜂机具、新蜂药、新技术、新产品等研发的支持，加强养蜂生产者与加工企业和科研院校的联结，切实搞好蜂农科技培训，通过举办现场会、培训班等形式，多渠道、多形式、多层次地培训蜂农，提高养蜂管理技术水平。

4. 积极开拓蜂产品消费市场

普及蜂产品知识，通过多种形式开展消费咨询，对违规企业及时曝光，营造公平竞争的市场环境，维护消费者权益。适应市场需求，丰富蜂产品花色品种，优化产品结构，提高居民消费水平。积极培育蜂产品知名品牌，利用已有优势巩固和扩大蜂产品出口，积极拓展国际市场。

5. 强化对养蜂业发展的指导和管理

加强行业监管，充实养蜂管理人员队伍，养蜂重点区域主管部门要安排专职蜂业管理人员，其他地区要有兼管人员，及时处理养蜂业发展中遇到的突出问题。加强行业协会、组织建设，要根据本地市场和资源优势，制定符合实际的发展规划，充分发挥规划对养蜂业发展的指导作用。加强养蜂生产的信息平台建设，密切关注养蜂业发展出现的新情况、新问题，及时采取应对措施，推进养蜂业持续健康发展。

（七）环境影响评价

养蜂业是环境友好型生态农业的重要组成部分，蜜蜂授粉维持和促进了生物多样性，提高了农作物产量，推动了农业的可持续发展，综合评估对生态环境没有不利的影响。

1. 养蜂业发展与生态农业目标一致

养蜂不与农争地，不与人争粮，只利用农田的边缘地带、林下、道路两旁等闲散区域摆放蜂箱，开展养蜂生产。蜜蜂消耗的能量和物质主要来自生态系统内可再生的植物花蜜和花粉，蜜蜂在采集植物花蜜和花粉的过程中为植物传授花粉，提高了农作物的产量和品质，增加了经济效益和生态效益。

2. 《规划》明确了生态环境保护措施

为了更好的发挥养蜂业的生态环境作用，《规划》充分考虑了蜜源植物承载能力，根据不同区域蜜源植物物种类型和数量，合理布局、突出特色，确定适当的增长速度，强化饲养技术培训，规范蜂药的使用管理，兼顾了养蜂业发展与生态保护。

3. 养蜂业有利于维护生物多样性

蜜蜂在采集花蜜花粉的过程中，具有采集专一性，蜂群在特定时段内只偏向于采集同种花的花蜜花粉，提高特定生态系统内生物的成活率和繁殖率，维护物种多样性。

主题词：农业　养蜂　规划

抄送：中国养蜂学会、中国农业科学院蜜蜂研究所

本部发送：经管局，计划司，财务司，科技教育司，种植业管理局，农机化管理司，兽医局，农垦局，农产品质量安全监管局

农业部办公厅　　　　　　　　　　　　　　　2011年1月4日印发

七、中华人民共和国兽药典
养蜂用药摘编

兽药使用指南化学药卷2005年版中国兽药委员会

1　养蜂业用药物

1.1　影响药物作用因素

用药后蜜蜂的表现是药物和蜜蜂相互作用的综合表现。因此，药物与蜜

蜂均影响药物的作用。
1.1.1 蜜蜂方面因素
1.1.1.1 虫龄与群势
蜜蜂的虫龄与群势不同，对药物的反应不同。如日龄小的蜜蜂对药物敏感性高，而群势强的蜂群对药物的耐受性较群势弱的蜂群高（一般1群蜂以10框蜂计）。也就是说，如果一个蜂群的群势强，给药时在允许剂量内可以稍高。反之，剂量就要稍低一些。幼龄蜂的给药剂量也要略低于壮年蜂。
1.1.1.2 个体差异
当虫龄、群势和生活条件基本相同的情况下，蜂群对药物的反应仍有不同，称为个体差异。一般有以下几种类型。
1.1.1.2.1 敏感性
蜂群之间对某种药物的敏感度与蜂群本身遗传差异有关。有些品种的蜜蜂对某种药物特别敏感，应用较小剂量，即能产生较强的作用。
1.1.1.2.2 耐受性和耐药性
耐受性高指某些蜂群对药物作用的敏感性比一般蜂群低，以致必须使用较大剂量才能产生治疗效果。耐药性的产生，一般是由于反复用药或滥用药物所致。
1.1.1.2.3 机体状态
有的药物对失调的机体功能有作用，而对正常状态的机体则无影响。久病的蜂群对药物的耐受性较低，药物剂量较大时易中毒。
1.1.2 药物方面因素
1.1.2.1 药物剂型
液体药物比固体药物出现作用快，固体药物口服后必须先经过溶解才能吸收并发挥作用。所以，蜂群用药一般是把药物溶在糖浆中。
1.1.2.2 药物剂量
当给药时，蜜蜂发生一定反应的一次给药量称为剂量。在一定范围内随着药物剂量的增加，发生的作用也增强。但超过一定限度后，作用不会按比例增加，过量则发生中毒，因此，准确和适当地掌握药物的剂量，在实际治疗中非常重要。
1.1.2.3 突击量和维持量
为了使药物在蜜蜂机体内迅速达到有效浓度，迅速缓解病情，先用1次或数次较大剂量，称突击量。然后，再按平时用较小剂量以维持有效浓度，称维持量。

1.1.2.4 药物配伍

为了取得更好的治疗效果,蜂群用药往往需要数种药物配合使用。蜂群选用两种以上药物配伍应用时,需注意药物的协同作用或颉颃作用,提高药物疗效,减少副作用。

1.1.2.5 外界因素对药物质量的影响

光线、空气和湿度、温度、时间等均可影响药物的药效,要使蜂药的药效可靠,蜂药应该按照产品说明或要求的条件做好贮藏工作。

1.2 蜂群用药基本原则

1.2.1 严格掌握适应症、对症下药

例如,细菌病和螺原体病选用抗生素或有抗菌作用的中草药;真菌病选用制霉菌素或有抑制真菌生长的中草药,防止滥用药物。

1.2.2 用量应适当、疗程应充足

抗菌药物的剂量不宜太大或太小,剂量太小起不了治疗作用还会形成耐药性;剂量太大,不仅造成浪费,还可引起严重反应。一般来说,开始剂量宜稍大,以便给病原菌以决定性打击,以后可根据病情适当减少药量;对急性细菌性传染病剂量应增大。抗菌药物的疗程应充足,一般细菌性传染病应连续用药3~5日,直至症状消失后再用1~2日,以求彻底治愈,切忌停药过早,招致疾病复发。

1.2.3 选择适当的给药途径

成蜂的细菌性传染病多采用饲喂的方式,这样方便、节省时间,可以在较短的时间内,使所有的病群都接触到药物;幼虫的细菌性疾病最好采用喂蜂与喷脾相结合的方法,这样可以使药物分布更均匀,幼虫可以尽可能早地接触到药物。

1.2.4 注意观察蜂群反应

及时调整治疗方案。在用药过程给予维持药量;应注意观察蜂群反应,如症状好转,应坚持、继续用药;如果疗效不佳,及时调整治疗方案或改换药物。

1.2.5 防止蜂药对蜂产品污染的主要措施

1.2.5.1 在主要采蜜期的前1个月内不要使用抗菌药及治螨的药物等,以防止蜂药在蜂蜜中的残留。

1.2.5.2 无论在蜜源缺乏期使用药物,还是在早春奖励饲喂蜂群时使用药物,到大流蜜初期都要彻底清除巢内存蜜。

1.2.5.3 病群治疗后,如距大流蜜期还有较长时间,应把巢内所有含蜂药的存蜜摇出，另行保管，不可与商品蜜混合。摇出的蜜若要使用，必须煮沸消毒40分钟以上灭菌，并检查无药物残留后，再喂蜂群。

1.2.5.4 患病蜂群不得用作生产群使用。待蜂群痊愈，蜂箱经过消毒并将蜂巢内含蜂药的存蜜摇出后，方可作为生产群使用。

1.2.5.5 杀螨药"螨扑"要按使用说明使用，在巢脾间挂3周后要取出，不可长期留在蜂箱中。生产季节不能用杀螨剂治螨，以防杀螨剂对蜂产品的污染。

1.3 蜂群常用药物

1.3.1 氟胺氰菊酯（Fluvalinate）本品为黄色或橙黄色黏稠液体，略有特殊臭味。在甲醇、丙酮、二氯甲烷或正已烷中溶解，在水中极微溶解。是专用于蜂螨的杀螨剂。昆虫神经系统是氟胺氰菊酯作用的主要靶部位，此外，该药可能作用于嗅觉器官或其他化学感受器，从而使昆虫产生驱避的行为反应。其作用机理与其他拟除虫菊酯类药相同。对蜂螨有触杀和胃毒作用，对大蜂螨和小蜂螨的杀灭率90%以上。用药后数小时发生作用，蜂螨从蜂体上脱落，24小时内全部死亡。本品对蜜蜂安全，对三型蜂的生活无不良影响，对人畜毒性亦比较低。与碱性农药混用会发生降解。对蚕及鱼类有毒。残留标示物：氟胺氰菊酯；蜂蜜50毫克/升。

1.3.2 氟胺氰菊酯条（Fluvalinate Strip）用于防治蜜蜂螨病，如大蜂螨（狄斯瓦螨）及小蜂螨（亮热厉螨）引起的螨病。以对角线悬挂于巢脾间，每箱蜂2条，悬挂3~4周。本品需贮藏在远离食物和儿童的地方。临使用前开封；使用药条时，不得吸烟、饮水和吃东西；使用后应洗手，使用过的药条不要同一般的家用废弃物一起处理，应集中销毁；药条在蜂箱内连续放置不得超过4周；不得与农药或其他化学品一起存放；流蜜期禁用。一般要求在生产期前1个月停药。40~50毫克/条。

1.3.3 氟氯苯氰菊酯条（Flumethrin Strip）用于防治蜜蜂螨病。悬挂于蜂箱内，每箱2条；对于占据几个孵育室的较大蜂群，每箱用4条，6周为一个疗程。应使药条的两面均能接触到蜜蜂。对于占据几个孵育室的较大蜂群来说，可将两片氟氯苯氰菊酯条通过专门孔洞首尾相接起来使用，以免因防治蜂螨而拆开孵育室。药条在蜂箱内连续放置不得超过6~8周。挂药条时应戴防护手套、口罩，不得吸烟、饮水；挂条后应洗手。使用过的药条不能同一般的家用废弃物一起处理，应集中销毁。药条贮藏应远离食物和儿童可触及的地方，不得与农药或其他化学药品共同存放。临使用前打开包装。流蜜期禁用，要求在生产期前1个月停药。每1条含氟氯苯氰菊酯3.6毫克。

1.3.4 双甲脒溶液（Amitraz Solution）用于防治蜜蜂螨病，如大蜂螨（狄斯瓦螨）及小蜂螨（亮热历螨）引起的螨病。喷脾：配成含双甲脒0.02%的水溶液，每群蜂用药50毫升（每群蜂10框），隔周使用1次，2次为一个疗程。气温低于25℃使用，药效发挥作用较慢。不得与碱性农药混用。如误食应立即请医生诊治；皮肤接触后，应立即用肥皂水充分洗涤；如误入眼睛，立即用清水冲洗并请医生治疗。对鱼类有剧毒，对蜜蜂、鸟及天敌低毒。一般要求在生产期前1个月停药。分三种规格，10毫升：1.25克；500毫升：62.5克；1 000毫升：125克。

1.3.5 硫氰酸红霉素可溶性粉（Erythromycin Thiocyanate Soluble Powder）用于蜜蜂欧洲幼虫腐臭病、美洲幼虫腐臭病、副伤寒等细菌性疾病和螺旋体病。喷雾或饲喂：每群蜂一次量本品1克（用前，先用500毫升50%的蔗糖水溶液溶解）。隔日1次，连续用5~7次。本品忌与酸性物质混用。在生产期前1个月停药。100克：5克（500万单位）。

八、中华人民共和国农业部公告 第193号

为保证动物源性食品安全，维护人民身体健康，根据《兽药管理条例》的规定，我部制定了《食品动物禁用的兽药及其他化合物清单》（以下简称《禁用清单》），现公告如下。

1. 《禁用清单》序号1~18所列品种的原料药及其单方、复方制剂产品停止生产，已在兽药国家标准、农业部专业标准及兽药地方标准中收载的品种，废止其质量标准，撤销其产品批准文号；已在我国注册登记的进口兽药，废止其进口兽药质量标准，注销其《进口兽药登记许可证》。

2. 截至2002年5月15日，《禁用清单》序号1~18所列品种的原料药及其单方、复方制剂产品停止经营和使用。

3. 《禁用清单》序号19~21所列品种的原料药及其单方、复方制剂产品不准以抗应激、提高饲料报酬、促进动物生长为目的在食品动物饲养过程中使用。

食品动物禁用的兽药及其他化合物清单

序号	兽药及其他化合物名称	禁止用途	禁用动物
1	β-兴奋剂类：克仑特罗 Clenbuterol、沙丁胺醇 Salbutamol、西马特罗 Cimaterol 及其盐、酯及制剂	所有用途	所有食品动物

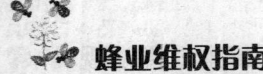
蜂业维权指南

（续表）

序号	兽药及其他化合物名称	禁止用途	禁用动物
2	性激素类：己烯雌酚 Diethylstilbestrol 及其盐、酯及制剂	所有用途	所有食品动物
3	具有雌激素样作用的物质：玉米赤霉醇 Zeranol、去甲雄三烯醇酮 Trenbolone、醋酸甲孕酮 Mengestrol，Acetate 及制剂	所有用途	所有食品动物
4	氯霉素 Chloramphenicol、及其盐、酯（包括：琥珀氯霉素 Chloramphenicol Succinate）及制剂	所有用途	所有食品动物
5	氨苯砜 Dapsone 及制剂	所有用途	所有食品动物
6	硝基呋喃类：呋喃唑酮 Furazolidone、呋喃它酮 Furaltadone、呋喃苯烯酸钠 Nifurstyrenate sodium 及制剂	所有用途	所有食品动物
7	硝基化合物：硝基酚钠 Sodium nitrophenolate、硝呋烯腙 Nitrovin 及制剂	所有用途	所有食品动物
8	催眠、镇静类：安眠酮 Methaqualone 及制剂	所有用途	所有食品动物
9	林丹（丙体六六六）Lindane	杀虫剂	所有食品动物
10	毒杀芬（氯化烯）Camahechlor	杀虫剂、清塘剂	所有食品动物
11	呋喃丹（克百威）Carbofuran	杀虫剂	所有食品动物
12	杀虫脒（克死螨）Chlordimeform	杀虫剂	所有食品动物
13	双甲脒 Amitraz	杀虫剂	所有食品动物
14	酒石酸锑钾 Antimonypotassiumtartrate	杀虫剂	所有食品动物
15	锥虫胂胺 Tryparsamide	杀虫剂	所有食品动物
16	孔雀石绿 Malachitegreen	抗菌、杀虫剂	所有食品动物
17	五氯酚酸钠 Pentachlorophenolsodium	杀螺剂	所有食品动物
18	各种汞制剂包括：氯化亚汞（甘汞）Calomel，硝酸亚汞 Mercurous nitrate、醋酸汞 Mercurous acetate、吡啶基醋酸汞 Pyridyl mercurous acetate	杀虫剂	所有食品动物
19	性激素类：甲基睾丸酮 Methyltestosterone、丙酸睾酮 Testosterone Propionate、苯丙酸诺龙 Nandrolone Phenylpropionate、苯甲酸雌二醇 Estradiol Benzoate 及其盐、酯及制剂	促生长	所有食品动物
20	催眠、镇静类：氯丙嗪 Chlorpromazine、地西泮（安定）Diazepam 及其盐、酯及制剂、	促生长	所有食品动物
21	硝基咪唑类：甲硝唑 Metronidazole、地美硝唑 Dimetronidazole 及其盐、酯及制剂、	促生长	所有食品动物

注：食品动物是指各种供人食用或其产品供人食用的动物

2002 年 4 月 9 日

我国蜂业相关标准

第一节 与蜂蜜有关的国家标准

一、中华人民共和国供销合作行业标准 GH/T 18796—2012 蜂蜜

中华全国供销合作总社

2012-04-18 发布　2012-04-20 实施

0　前言

本标准按照 GB/T 1.1—2009 给出的规则起草。

本标准最初于 1982 年发布,后变为国家标准(GB 18796—2005)。由于 2011 年 4 月 20 日《食品安全国家标准 蜂蜜》的发布,现修订为行业标准。

本标准与 GB 18796—2005《蜂蜜》相比主要变化如下。

①根据《中华人民共和国食品安全法》的要求,由强制性标准修改为推荐性标准;

②所有理化指标合并,不分强制性和推荐性;

③修改了非零售包装要求;

④修改了附录 A。

本标准的附录 A 是规范性附录。

本标准由中华全国供销合作总社蜜蜂产品标准化技术委员会秘书处提出。

本标准由中华全国供销合作总社归口。

本标准起草单位:中华全国供销合作总社蜜蜂产品标准化技术委员会秘书处、中国蜂产品协会蜂蜜专业委员会、北京百花蜂业科技发展股份公司。

本标准主要起草人：杨寒冰、殷客卿、谭丽蕊。

本标准历次版本的发布情况为：

GH 012—1982《蜂蜜》

GH/T 1001—1998《预包装食用蜂蜜》

GB/T 18796—2002《蜂蜜》

GB 18796—2005《蜂蜜》

1 范围

本标准规定了蜂蜜的定义及其被从巢脾中分离出来后的品质、包装、标志、运输、贮存要求。

本标准适用于除了巢脾蜂蜜（巢蜜）以外的其他以蜂蜜作为产品名称或产品名称主词的产品。

2 规范性引用文件

下列文件对于本文件的应用是必不可少的。凡是注日期的引用文件，仅所注日期的版本适用于本文件。凡是不注日期的引用文件，其最新版本（包括所有的修改单）适用于本文件。

GB/T 191《包装储运图示标志》

GB 5009.4《食品中灰分的测定》

GB 7718《食品安全国家标准 预包装食品标签通则》

GB 14963《食品安全国家标准 蜂蜜》

GB/T 18932.1《蜂蜜中碳－4植物糖含量测定方法 稳定碳同位素比率法》

GB/T 18932.16《蜂蜜中淀粉酶值的测定方法 分光光度计法》

GB/T 18932.18《蜂蜜中羟甲基糠醛含量的测定方法 液相色谱－紫外检测法》

GB/T 18932.22《蜂蜜中果糖、葡萄糖、蔗糖、麦芽糖含量的测定方法 液相色谱示差折光检测法》

GH/T 1015—1999《蜂蜜包装钢桶》

SN/T 0852—2000《进出口蜂蜜检验方法》

3 术语和定义

GB 7718确立的以及下列术语和定义适用于本标准。

3.1

蜂蜜 honey；bee honey

蜜 honey；bee honey

蜜蜂采集植物的花蜜、分泌物或蜜露，与自身分泌物结合后，经充分酿造而成的天然甜物质。

注：蜂蜜含有多种糖，主要是果糖和葡萄糖。此外还含有有机酸、酶和来源于蜜蜂采集的固体颗粒物，如植物花粉等。

蜂蜜的气味和色泽随蜜源的不同而不同。色泽是水白色、琥珀色或深色。蜂蜜在通常情况下呈黏稠流体状，贮存时间较长或温度较低时可形成部分或全部结晶。

3.2

"蜂蜜" 酿造 make

（与蜜蜂分泌物结合后的）花蜜、植物分泌物或蜜露在巢脾内转化、脱水、贮存至成熟的过程。

3.3

单一花种蜂蜜 unifloral honey，monofloral honey

单一植物蜂蜜 unifloral honey，monofloral honey

单花种蜂蜜 unifloral honey，monofloral honey

蜜蜂主要采集一种蜜源植物的花蜜或分泌物酿造的蜂蜜。

3.4

多花种（混合）蜂蜜 multifloral honey

多种植物（混合）蜂蜜 multifloral honey

杂花蜂蜜 multifloral honey

杂花蜜 multifloral honey

蜜蜂采集两种或两种以上蜜源植物的花蜜或分泌物酿造的蜂蜜，以及两种或两种以上单一植物蜂蜜的混合物。

3.5

蜜露 honeydew

甘露 honeydew

吮吸植物汁液的昆虫排出的甜物质。

3.6

蜜露蜂蜜 honeydew honey

甘露蜂蜜 honeydew honey

蜜露蜜 honeydew honey

甘露蜜 honeydew honey

蜜蜂采集蜜露，与自身分泌物结合后，经充分酿造而成的天然甜物质。

注：蜂蜜的一个品种。

4 要求

4.1 感官要求

4.1.1 色泽

依蜜源品种不同，由水白色（几乎无色）、白色、特浅琥珀色、浅琥珀色、琥珀色至深色（暗褐色）。

常见单一花种蜂蜜的色泽见附录 A。

4.1.2 气味

有蜜源植物的花的气味。单一花种蜂蜜有该种蜜源植物的花的气味。没有酸或酒的挥发性气味和其他异味。

4.1.3 滋味

依蜜源品种不同，甜、甜润或甜腻。某些品种有微苦、涩等刺激味道。常见单一花种蜂蜜滋味见附录 A。

注：甜润指感觉舒适的甜味感，甜腻指感觉过于甜的甜味感。

4.1.4 状态

a. 常温下呈黏稠流体状，或部分及全部结晶；

b. 不含蜜蜂肢体、幼虫、蜡屑及其他肉眼可见杂物；

c. 没有发酵征状。

4.2 等级

依理化品质不同，分为一级品和二级品两个等级。

在合同条件下，可以对不符合一级品要求、但符合二级品要求的蜂蜜依据理化品质、感官特征差别细分出若干级差。但本条款仅限于在合同双方之间采用。

4.3 理化要求

理化要求见表 2-1。

表 2-1 理化要求

项目	一级品	二级品
水分/% ≤		
荔枝蜂蜜、龙眼蜂蜜、柑橘蜂蜜、鹅掌柴蜂蜜、乌桕蜂蜜	23	26
其他	20	24

(续表)

项目		一级品	二级品
果糖和葡萄糖含量/%	≥	60	
蔗糖/%	≤		
桉树蜂蜜、柑橘蜂蜜、紫花苜蓿蜂蜜、荔枝蜂蜜、野桂花蜂蜜		10	
其他		5	
酸度（1摩尔/升氢氧化钠），毫升/千克	≤	40	
羟甲基糠醛，毫克/千克	≤	40	
淀粉酶活性（1%淀粉溶液）/[毫升/（克·小时）]	≥		
荔枝蜂蜜、龙眼蜂蜜、柑橘蜂蜜、鹅掌柴蜂蜜		2	
其他		4	
灰分/%	≤	0.4	

4.4 安全卫生要求

应符合 GB 14963 的规定。

4.5 真实性要求

4.5.1 蜂蜜中不得添加任何当前明确或不明确的添加物。

4.5.2 如果在蜂蜜中添加其他物质，不应以"蜂蜜"或"蜜"作为产品名称或名称主词。

4.5.3 碳-4 植物糖含量采用 GB/T 18932.1 的方法试验时，试验结果 X（蜂蜜中碳-4 植物糖的百分含量）不得大于 7。

4.6 产品名称要求

应选用下列名称之一。

a. 符合本标准定义的产品方可称为"蜂蜜"或简称为"蜜"；

b. 采用过滤工艺除去了花粉的蜂蜜应称为"过滤蜂蜜"；

c. 可以在"蜂蜜"前加上表示色泽的形容词；

示例：白色蜂蜜。

d. 如果蜂蜜主要产自一种植物或花，并具有此种蜂蜜的物理、化学和微观特性，可以在"蜂蜜"前加上这种植物或花的名称；

注：常见单一花种蜂蜜的产品名称见附录 A。

示例：刺槐蜂蜜。

e. 可以采用"液态蜂蜜"、"结晶蜂蜜"名称，表明物理状态；

f. 按前款 b、c、d、e 组合方式命名；

g. 如果蜂蜜是一种蜜蜂酿造，可以在产品名称前加上这种蜜蜂的名称，写在括号内；

示例：（东北黑蜂）蜂蜜。

h. 本标准第3.1、第3.3、第3.4和第3.6条术语可以作为产品名称。

4.7 特殊限制要求

不应使用化学或生化处理方法改变蜂蜜的结晶变化。

加热处理时温度不能过高，防止蜂蜜基本成分发生变化，造成质量损害。

5 试验方法

5.1 总则

本章规定的试验方法是仲裁采用的方法。本标准5.9规定了两个等效的方法。

5.2 试样制备

试验方法标准有规定的，按标准规定制备。没有规定的，按SN/T 0852—2000中3.1制备。

5.3 水分

采用SN/T 0852—2000中3.4规定的方法。

5.4 果糖和葡萄糖、蔗糖

采用GB/T 18932.22规定的方法。

5.5 灰分

采用GB 5009.4规定的方法。

5.6 真实性要求

采用GB/T 18932.1规定的方法。

5.7 酸度

采用SN/T 0852—2000中3.5规定的方法。试验结果换算成以（1摩尔/升氢氧化钠）毫升/千克为单位。

5.8 羟甲基糠醛

采用GB/T 18932.18规定的方法。

5.9 淀粉酶活性

采用GB/T 18932.16规定的方法。

也可采用SN/T 0852—2000中3.6规定的方法。该方法中3.6.2.1.5"准确称取适量淀粉（相当于干态1克）于250毫升高型烧杯中，…。"改为"准确称取适量淀粉（相当于干态2克）于250毫升高型烧杯中"，其他规定不变。

5.10 色泽

采用 SN/T 0852—2000 中 3.2 规定的方法。

6 包装

6.1 非零售包装

6.1.1

非零售包装的包装钢桶应符合 GH/T 1015—1999 要求。投入使用的这种包装钢桶其桶龄自出厂日期起，不得超过 5 年。

也可使用其他带盖的食品包装容器。

不应使用镀锌桶或盛装过药品、燃料油、食用油或其他化工产品的包装容器。

6.1.2 包装容器在使用前应清洗干净，并吹干或晾干。

6.1.3 包装场地应清洁卫生，并远离污染源。

6.1.4 灌装人员在操作前应洗手消毒，并穿戴洁净的工作衣帽。

6.1.5 容器内应保留适当空隙，防止蜂蜜受热溢出。灌装后应立即盖好桶盖。

6.2 预包装

6.2.1 接触蜂蜜的包装容器和材料应符合国家食品安全卫生要求。

6.2.2 包装应严密。应采取可靠的方式，使其他人员能够识别该容器在包装后是否曾被开启。

7 标志

7.1 非零售包装的标志

在包装上应标明产品名称、生产日期或批号、生产者（加工者或包装者）的名称和地址。

7.2 预包装的标签

7.2.1 应符合 GB 7718 要求。

7.2.2 产品名称应符合本标准 4.6 的要求。

7.2.3 非零售包装产品的标签应按照 GB 7718 中 4.1 项下的相应要求标示产品名称、规格、净含量、生产日期、保质期和贮存条件，其他内容如未在标签上标注，则应在说明书或合同中注明。

图示标志应符合 GB/T 191 标准规定。

8 贮存

8.1 贮存场所应清洁卫生，防高温，防风雨，远离污染源。

8.2 不得与有毒、有害、有腐蚀性、有异味、易挥发的物品同场所贮存。
9 运输
9.1 运输工具应清洁卫生。
9.2 不得与有毒、有害、有腐蚀性、有异味、易挥发的货物混装运输。
9.3 防暴晒、防风雨。

附 录 A
（规范性附录）

常见单一花种蜂蜜的感官特性

表2-2 常见单一花种蜂蜜的感官特性

产品名称	蜜源植物	色泽	气味/滋味	结晶状态
桉树蜂蜜	桃金娘科桉属大叶桉 Eucalyptus robusta Smith	琥珀色，深色	有桉醇味。甜，微涩	易结晶，结晶暗黄色，粒粗
	桃金娘科桉属隆缘桉 Eucalyptus exserta F. V. Muell.	琥珀色，深色	有桉醇味。甜，微酸	易结晶，结晶暗黄色，粒粗
	桃金娘科桉属柠檬桉 Eucalyptus citriodora Hook. f.	琥珀色，深色	有柠檬香味。甜，微涩	易结晶，结晶暗黄色，粒粗
白刺花蜂蜜	豆科白刺花 Sophora viciifolia Hance	浅琥珀色	清香。甜润	结晶乳白，细腻
草木樨蜂蜜	豆科黄香草木樨 Melilotus officinalis (L) Desr.	浅琥珀色	清香。甜润	结晶乳白，细腻
	豆科白香草木樨 Melilotus albus Desr.	水白色，白色	清香。甜润	结晶乳白，细腻
刺槐蜂蜜（洋槐蜂蜜）	豆科刺槐 Robinia pseudoacacia L.	水白色，白色	清香。甜润	不易结晶，偶有结晶乳白细腻
椴树蜂蜜	椴树科紫椴 Tilia amurensis Rupr.	特浅琥珀色	香味浓。甜润	易结晶，结晶乳白，细腻
	椴树科糠椴 Tilia mandschurica Rupr. et Maxim.	特浅琥珀色	甜润	易结晶，结晶乳白，细腻
鹅掌柴蜂蜜（鸭脚木蜂蜜）	五加科鹅掌柴 Schefflera octophylla Harms.	浅琥珀色	甜，微苦	易结晶，结晶乳白，细腻
柑橘蜂蜜（柑桔蜂蜜）	芸香科柑橘 Citrus reticulata Blanco	浅琥珀色	香味浓。甜润	易结晶，结晶乳白细腻
胡枝子蜂蜜	豆科胡枝子 Lespedeza bicolor Turcz.	浅琥珀色	略香。甜润	易结晶，结晶乳白，细腻

（续表）

产品名称	蜜源植物	色泽	气味/滋味	结晶状态
荆条蜂蜜（荆花蜂蜜）	马鞭草科荆条 Vitex negundo var. heterophylla (Franch.) Rehd.	浅琥珀色	略香。甜润	易结晶。结晶乳白，细腻
老瓜头蜂蜜	萝摩科老瓜头 Cynanchum romarovii Al. Iljinski	浅琥珀色	有香味。甜腻	结晶乳白色
荔枝蜂蜜	无患子科荔枝 Litchi chinensis Sonn.	浅琥珀色	香味浓。甜润	易结晶。结晶乳白，粒细
柃属蜂蜜（野桂花蜂蜜）	山茶科柃属 Eurya	水白色、白色	清香。甜润	不易结晶。偶有结晶乳白细腻
龙眼蜂蜜	无患子科龙眼 Dimocarpus longan Lour.	琥珀色	有香味。甜润	不易结晶。偶有结晶琥珀色，颗粒略粗
密花香薷蜂蜜（野藿香蜂蜜）	唇形科密花香薷 Elsholtzia densa Benth.	浅琥珀色	有香味，甜	结晶粒细
棉花蜂蜜	锦葵科陆地棉 Gossypium hirsutum L. 锦葵科海岛棉 Gossypium barbadense L.	浅琥珀色、琥珀色 浅琥珀色、琥珀色	无香味。甜 无香味。甜	易结晶，结晶乳白，粒细 易结晶，结晶乳白，粒细，硬
枇杷蜂蜜	蔷薇科枇杷 Friobotrya japonica (Thunb.) Lindl.	浅琥珀色	有香味。甜润	结晶乳白，颗粒略粗
荞麦蜂蜜	蓼科荞麦 Fagopyrum esculentum Moench.	深琥珀色	有刺激味。甜腻	易结晶，结晶琥珀色，粒粗
乌桕蜂蜜	大戟科乌桕 Sapium sebiferum (L.) Roxb.	琥珀色	甜味略浓，微酸	易结晶，结晶暗黄，粒粗
山乌桕 Sapium discolor (Champ.) Muell. Arg.		琥珀色	甜味略浓	易结晶，结晶微黄，粒粗
向日葵蜜（葵花蜂蜜）	菊科向日葵 Helianthus annuus L.	浅琥珀色、琥珀色	有香味。甜润	易结晶，结晶微黄
野坝子蜂蜜	唇形科野坝子 Elsholtzia rugulosa Hemsl.	浅琥珀色，略带绿色	有香味。甜	极易结晶，结晶分粗细两种，细腻质硬
野豌豆蜂蜜（苕子蜂蜜）	豆科广布野豌豆 Vicia sativa L.	浅琥珀色	清香。甜润	结晶细腻
	豆科长柔毛野豌豆 Vicia villosa Roth.	特浅琥珀色	清香。甜润	结晶细腻

（续表）

产品名称	蜜源植物	色泽	气味、滋味	结晶状态
油菜蜂蜜	十字花科油菜 Brassica campestris L.	琥珀色	甜，略有辛辣或草青味	极易结晶，结晶乳白、细腻
枣树蜂蜜（枣花蜂蜜）	鼠李科 枣 Zizyphus jujuba Mill. var. inermis (Bunge.) Rehd.	浅琥珀色、琥珀色、深色	甜腻	不易结晶
芝麻蜂蜜	胡麻科芝麻 Sesamum orientale L.	浅琥珀色、琥珀色	有香味。甜，略酸	结晶乳白色
紫花苜蓿蜂蜜	豆科紫花苜蓿 Medicago sativa L.	浅琥珀色	有香味。甜	易结晶，结晶乳白，粒粗
紫云英蜂蜜	豆科紫云英 Astragalus sinius L.	白色、特浅琥珀色	清香。甜腻	不易结晶，偶有结晶乳白、细腻

注：色泽的描述采用 SN/T 0852—2000 中 3.2 用词。依水分含量不同，色泽、气味和滋味略有差异

第二章 我国蜂业相关标准

二、中华人民共和国国家标准食品安全国家标准 蜂蜜 GB 14963—2011

0 前言

本标准代替 GB 14963—2003《蜂蜜卫生标准》以及 GB 18796—2005《蜂蜜》中的对应指标。

本标准与 GB 14693—2003 相比主要变化如下。

①修改了范围；

②增加了蜂蜜的定义；

③将原料要求改为蜜源要求，并明确主要的有毒蜜源植物品种名称；

④修改了感官要求；

⑤修改了理化指标；

⑥增加了污染物限量、兽药残留限量、农药残留限量要求；

⑦增加了嗜渗酵母计数要求。

1 范围

本标准适用于蜂蜜，不适用于蜂蜜制品。

2 术语和定义

蜂蜜

蜜蜂采集植物的花蜜、分泌物或蜜露，与自身分泌物混合后，经充分酿造而成的天然甜物质。

3 技术要求

3.1 蜜源要求

蜜蜂采集植物的花蜜、分泌物或蜜露应安全无毒，不得来源于雷公藤（*Tripterygium wilfordii* Hook. F.）、博落回 [*Macleaya cordata* （Willd.） R. Br]、狼毒（*Stellera chamaejasme* L.）等有毒蜜源植物。

3.2 感官要求

感官要求应符合表 2-3 的规定。

表 2-3 感官要求

项目	要求	检验方法
色泽	依蜜源品种不同，从水白色（近无色）至深色（暗褐色）	按 SN/T 0852 的相应方法检验
滋味、气味	具有特有的滋味、气味，无异味	

(续表)

项目	要求	检验方法
状态	常温下呈黏稠流体状,或部分及全部结晶	在自然光下观察状态,检查其有无杂质
杂质	不得含有蜜蜂肢体、幼虫、蜡屑及正常视力可见杂质杂质(含蜡屑巢蜜除外)	

3.3 理化指标

理化指标应符合表2-4的规定。

表2-4 理化指标

项目		指标	检验方法
果糖和葡萄糖/(克/100克)	≥	60	GB/T 18932.22
蔗糖/(克/100克)			
桉树蜂蜜,柑橘蜂蜜,紫苜蓿蜂蜜,荔枝蜂蜜,野桂花蜜	≤	10	
其他蜂蜜	≤	5	
锌(Zn)/(毫克/千克)	≤	25	GB/T 5009.14

3.4 污染物限量

污染物限量应符合GB 2762的规定。

3.5 兽药残留限量和农药残留限量

3.5.1 兽药残留限量

兽药残留限量应符合相关标准的规定。

3.5.2 农药残留限量

农药残留限量应符合GB 2763及相关规定。

3.6 微生物限量

微生物限量应符合表2-5规定。

表2-5 微生物限量

项目		指标	检验方法[a]
菌落总数/(CFU/克)	≤	1 000	GB 4789.2
大肠菌群/(MPN/克)	≤	0.3	GB 4789.3
霉菌计数/(CFU/克)	≤	200	GB 4789.15
嗜渗酵母计数/(CFU/克)	≤	200	附录A
沙门氏菌		0/25克	GB 4789.4

(续表)

项目	指标	检验方法[a]
志贺氏菌	0/25 克	GB/T 4789.5
金黄色葡萄球菌	0/25 克	GB 4789.10

注：[a] 样品的分析及处理按 GB 4789.1 执行

附录 A
嗜渗酵母计数

A.1　设备和材料

除微生物实验室常规灭菌及培养设备外，其他设备和材料如下。

A.1.1　恒温培养箱：25℃±1℃。

A.1.2　冰箱：2～5℃。

A.1.3　均质器及无菌均质袋、均质杯或灭菌乳钵。

A.1.4　天平：感量0.1克。

A.1.5　无菌试管：18毫米×180毫米。

A.1.6　无菌吸管：1毫升（具0.01毫升刻度），10毫升（具0.1毫升刻度），微量移液器及吸头。

A.1.7　无菌锥形瓶：500毫升，250毫升。

A.1.8　无菌培养皿：直径90毫米。

A.1.9　无菌L型涂布棒：玻璃、塑料或者不锈钢材料制成，棒体直径不应大于2毫米。

A.1.10　显微镜：10×～100×。

A.2　培养基和试剂

A.2.1　30%葡萄糖溶液（pH值为6.5±0.5）

A.2.1.1　成分

无水葡萄糖　　　　　　　　　　30.0克
蒸馏水　　　　　　　　　　　　100毫升

A.2.1.2　制法

称量适量葡萄糖，溶解在蒸馏水中，必要时调节pH值为6.4左右。分装后，115℃高压灭菌20分钟。

A.2.2　氯硝胺18%甘油（DG18）琼脂

A.2.2.1　成分

酪蛋白胨　　　　　　　　　　　5.0克

无水葡萄糖	10.0 克
磷酸二氢钾	1.0 克
硫酸镁（$MgSO_4 \cdot H_2O$）	0.5 克
氯硝胺	0.002 克
无水甘油	200 克
琼脂	15 克
氯霉素	0.1 克
蒸馏水	1 000 毫升

A.2.2.2 制法

除氯霉素外，将全部成分加热煮沸至完全溶解，如有必要，调节 pH 值为 6.4 左右。加入抗菌素，121℃ 高压灭菌 15 分钟，最终的 pH 值应为 5.6±0.2。灭菌后，立即在 44～47℃ 水浴冷却至 50℃ 以下，在每个灭菌平皿中倾注 15～20 毫升培养基，放置在水平的台面上冷却固化备用。如有必要，可以放在 36℃ 培养箱中过夜。使琼脂表面干燥无水珠。避光保存。

A.3 检验程序

嗜渗酵母检验程序见图 2-1。

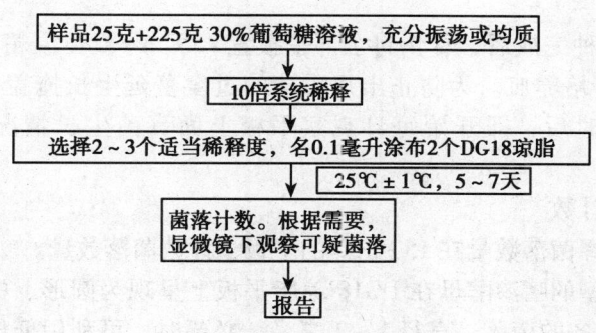

图 2-1 嗜渗酵母检验程序图

A.4 操作步骤

A.4.1 样品采集和保存

样品采集后，应尽可能及时检验。若不能及时检验，普通样品应置 2～5℃ 冰箱保存，在 24 小时内检验。冷冻样品应在 45℃ 以下不超过 15 分钟或在 2～5℃ 不超过 18 小时解冻。

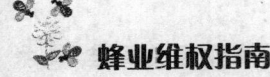

A.4.2 样品稀释

A.4.2.1 取样

以无菌操作在天平上称取固体或液体检样25克,加入30%葡萄糖稀释液225克,用旋转刀片式均质器以8 000转/分均质1分钟,或拍击式均质器拍击2分钟,制备成1:10的均匀稀释液。如无均质器,则将样品放入加有玻璃珠的无菌锥形瓶中,并充分振荡。

A.4.2.2 梯度稀释

用灭菌吸管吸取1:10稀释液1毫升,注入含有9毫升30%葡萄糖稀释液的试管内,置于漩涡混悬仪上混匀,制备1:100的稀释液。另取1毫升灭菌吸管,按前操作依次制备10倍递增稀释液,每递增稀释一次,换用1支1毫升灭菌吸管。

A.4.3 涂布和培养

A.4.3.1
根据对检样污染情况的估计,选择2~3个连续的适宜稀释度,每个稀释度接种2个DG18琼脂平板。在充分混合稀释液之后,立即在每个平板表面接种0.1毫升,接着用无菌的L型涂布棒进行充分的琼脂表面涂布。注意涂布棒下端不得触碰培养皿的侧缘。进行样品检验的同时,应同时在2个DG18琼脂平板表面接种0.1毫升的稀释液作为空白对照。

A.4.3.2 接种完成后,尽快将全部平板置25℃±1℃恒温箱内避光培养。培养时勿翻转培养皿。为防止出现霉菌的过度蔓延生长掩盖了目标菌落,在培养48小时后,即开始每日观察平板上面真菌生长情况。培养7天结束。

A.4.4 菌落计数

A.4.4.1 选择菌落数量在15~150的平板,计数菌落数量。

A.4.4.2 典型的嗜渗酵母在DG18琼脂平板上呈现为圆形、中心隆起、不透明、边缘整齐的菌落,直径1~2毫米。必要时,可利用低倍显微镜直接观察平板上生长的菌落是否为细菌菌落。如出现霉菌菌落干扰时,不应计数丝状菌落。

A.4.5 报告

参照GB 4789.2的报告方式,以CFU/克为单位报告样品中嗜渗酵母的数量。

第二节 与蜂胶有关的国家标准

中华人民共和国国家标准 GB/T 24283—2009
蜂胶
2009-07-08 发布　2009-12-01 实施

0　前言

本标准由中华全国供销总社提出。

本标准由全国蜂产品标准化工作组归口。

本标准起草单位：北京天恩生物工程高新技术研究所、浙江大学动物科学学院、杭州天厨蜜源保健品有限公司、中华人民共和国秦皇岛出入境检验检疫局、北京百花蜂产品科技发展有限公司、广州宝生园有限公司、江西汪氏蜜蜂园有限公司。

本标准主要起草人：吕泽田、胡福良、郑春强、李立群、范春林、郭利军、汪玲、胡元强。

1　范围

本标准规定了蜂胶及蜂胶乙醇提取物的定义及其品质、检验方法、包装、标志、贮存、运输要求。

本标准适用于蜂胶及蜂胶乙醇提取物的加工、贸易。

2　规范性引用文件

下列文件中的条款通过本标准的引用而成为本标准的条款。凡是注日期的引用文件，其随后所有的修改单（不包括勘误的内容）或修订版均不适用于本标准，然而，鼓励根据本标准达成协议的各方研究是否可使用这些文件的最新版本。凡是不注日期的引用文件，其最新版本适用于本标准。

GB/T 191 包装储运图示标志。

3　术语和定义

下列术语和定义适用于本标准

3.1

蜂胶 propolis

工蜂采集植物树脂等分泌物与其上颚腺、蜡腺等分泌物混合形成的胶黏性物质。

3.2

蜂胶乙醇提取物 ethanol extracted propolis

乙醇萃取蜂胶后得到的物质。

3.3

总黄酮 total flavonoids

黄酮类物质含量的总和。

4 要求

4.1 感官要求

4.1.1 蜂胶的感官要求应符合表2-6的规定。

表2-6 蜂胶的感官要求

项目	特征
色泽	棕黄色、棕红色、褐色、黄褐色、灰褐色、青绿色、灰黑色等,有光泽。
状态	团状或碎渣状,不透明,30°以上随温度升高逐渐变软,且有黏性。
气味	有蜂胶所特有的芳香气味,燃烧时有树脂乳香味,无异味。
滋味	微苦、略涩,有微麻感和辛辣感

4.1.2 蜂胶乙醇提取物的感官要求应符合表2-7的规定

表2-7 蜂胶乙醇提取物的感官要求

项目	特征
结构	断面结构紧密
色泽	棕色、褐色、黑褐色,有光泽
状态	固体状,30°以上随温度升高逐渐变软,且有黏性
气味	有蜂胶特有的芳香气味,燃烧时有树脂乳香味,无异味
滋味	微苦、略涩,有微麻感和辛辣感

4.2 理化要求

蜂胶及蜂胶乙醇提取物的理化要求应符合表2-8的规定。

表2-8 蜂胶及蜂胶乙醇提取物的理化要求

项目	蜂胶		蜂胶乙醇提取物	
	一级品	二级品	一级品	二级品
乙醇提取物含量/(克/100克) ≥	60	40	95	
总黄酮/(克/100克) ≥	15	8	20	17
氧化时间/秒 ≤		22		

4.3 真实性要求

不应加入任何树脂和其他矿物、生物或其提取物质。

非蜜蜂采集,人工加工而成的任何树脂胶状物不应该称之为"蜂胶"。

4.4 特殊限制要求

应采用符合卫生要求的采胶器等采集蜂胶,不应在蜂箱内用铁丝纱网采集蜂胶,不应高温加热、暴晒。

5 试验方法

5.1 取样方法

从被检样品的不同部位均匀取样,每批取样总量不超过300克。

5.2 感官要求的检验

5.2.1 蜂胶感官要求的检验

5.2.1.1 色泽、状态

在自然光线良好的条件下,观察样品外表色泽。取少许上述样品混匀后,加热至35℃左右,用手揉搓成条,再慢慢向两端拉伸。含胶量越大,黏性越大,拉伸长度越长。

5.2.1.2 气味、滋味

取少许样品,嗅其气味是否有蜂胶特有的明显芳香气味,再点燃,嗅其气味是否异常;口尝其滋味。

5.2.2 蜂胶乙醇提取物感官要求的检验

5.2.2.1 结构

将蜂胶乙醇提取物样品放在15℃以下2~3小时,用锤砸开,观察其断面。

5.2.2.2 色泽、状态

按5.2.1.1规定的方法检验。

5.2.2.3 气味、滋味

按5.2.1.2规定的方法检验。

5.3 理化要求的检验

5.3.1 样品制备

按5.1取样的样品放入10℃以下的冰箱中1小时后,将其粉碎,从中取样100克备检。

5.3.2 乙醇提取物含量

5.3.2.1 原理

称量乙醇不溶物质量,用减量法计算其占样品质量的百分比。

5.3.2.2 试剂和材料
　　a. 乙醇：分析纯（≥95%）；
　　b. 定量滤纸 φ12.5 厘米。

5.3.2.3 仪器
　　a. 天平（感量0.001克）；
　　b. 100毫升烧杯；
　　c. 电热鼓风干燥箱；
　　d. 超声波仪；
　　e. 玻璃漏斗 φ60 微米；
　　f. 玻璃棒；
　　g. 250毫升锥形瓶；
　　h. 称量瓶 70毫米×35毫米；
　　i. 干燥皿。

5.3.2.4 步骤
　　称取经过粉碎处理的蜂胶样品5克（称准至0.001克），置于100毫升烧杯中，加适量95%乙醇，放入超声波仪中超声，使样品溶解，将上清液倒入事先干燥称重过的滤纸及玻璃漏斗过滤到锥形瓶中，反复数次，直至完全溶解，再用少量乙醇洗涤100毫升烧杯及滤纸两次。然后将残渣及滤纸与玻璃漏斗在50℃下干燥至恒重。在相同条件下作平行实验。

5.3.2.5 计算
　　按式（1）计算：

$$X_1 = \frac{m_1 - m_2}{m_1} \times 100 \qquad (1)$$

式中：
X_1——样品中乙醇提取物含量，%；
m_1——样品质量，单位为克；
m_2——残渣质量，单位为克。
　　平行实验允许误差不超过1.5%，取三次测定的平均值。

5.3.3 总黄酮含量

5.3.3.1 试剂和材料
　　a. 聚酰胺粉（≥100目）；
　　b. 芦丁标准溶液：取5.0毫克芦丁（≥99%），加甲醇溶解并定容至100毫升，即得50微克/毫升；

c. 乙醇：分析纯（≥95%）；

d. 甲醇：分析纯（≥95%）。

5.3.3.2 仪器

a. 紫外-可见分光光度计；

b. 层析柱：350毫米（长）×15毫米（内径），具活塞、砂芯、抽气嘴、圆底烧瓶，见图2-2；

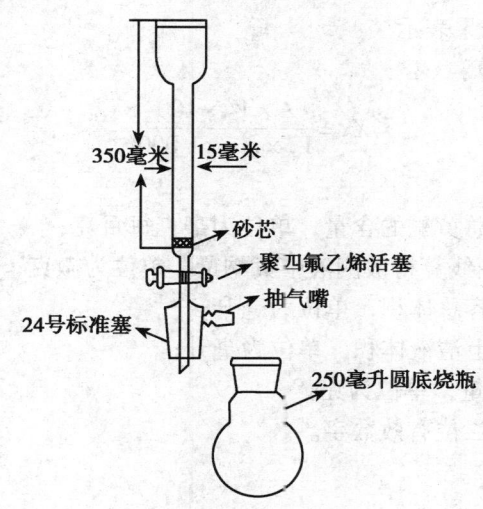

图2-2 层析柱示意图

c. 容量瓶：10毫升；

d. 移液器：100~1 000微升；

e. 移液管：1~5毫升；

f. 玻璃蒸发皿：90毫米。

5.3.3.3 步骤

a. 试样处理：称取经过粉碎处理的蜂胶样品1克，或蜂胶乙醇提取物0.5克于容量瓶中，用乙醇定容至100毫升，摇匀后，超声提取20分钟，放置，用移液管吸取上清液1毫升于玻璃蒸发皿中，加入5毫升乙醇及1克聚酰胺粉，用玻璃棒混匀吸附，于60℃水浴上挥去乙醇，然后转入关闭活塞的层析柱中。量取20毫升苯液，清洗玻璃蒸发皿再将苯液转入层析柱中，分3次完成。15分钟后开启层析柱活塞，弃去苯液并关闭层析柱活塞，取下圆底烧瓶，将25毫升容量瓶装于层析柱下方。量取20毫升甲醇，分3次清洗玻璃蒸发皿，再将甲醇转入层析柱中，15分钟后开启层析柱活塞将黄酮洗脱于25毫升容量瓶中没用甲醇定容至25毫升。此溶液1厘米比色皿中于波长360纳米测定吸收值。同时以芦丁为标准品，用标准曲线法定量。

b. 芦丁标准曲线：分别吸取芦丁标准溶液0毫升、1.0毫升、2.0毫升、3.0毫升、4.0毫升、5.0毫升于10毫升容量瓶中，加甲醇至刻度，摇匀，置1厘米比色皿中于波长360纳米测定吸收值，绘制标准工作曲线，计算回归方程。

5.3.3.4 计算和结果表示

按式（2）计算：

$$X_2 = \frac{A \times V_2 \times 100}{V_1 \times m_3 \times 1\,000} \qquad (2)$$

式中：

X_2——试样中总黄酮的含量，单位为毫克每百克；

A——由标准曲线算得被测液中黄酮量，单位为微克；

V_2——试样定容总体积，单位为毫升；

V_1——吸取的上清液体积，单位为毫升；

m_3——试样质量，单位为克。

计算结果保留二位有效数字。

5.3.4 氧化时间

5.3.4.1 原理

通常用高锰酸钾紫红色溶液消退的时间来表示蜂胶中还原性物质的含量。

5.3.4.2 试剂和材料

a. 乙醇：分析纯（95%以上）；

b. 高锰酸钾标准溶液：精确称取1.580克高锰酸钾（分析纯≥95%），用水稀释至1 000毫升，配制成0.01摩尔/升的高锰酸钾溶液；

c. 硫酸：分析纯（95%～98%），配制成20%硫酸液；

d. 蒸馏水。

5.3.4.3 仪器

a. 天平（感量0.001克）；

b. 振荡器；

c. 秒表；

d. 250毫升具塞磨口锥形瓶；

e. 50毫升、100毫升、1 000毫升容量瓶；

f. 50 毫升锥形瓶；

g. 0.2 毫升、1.0 毫升、2.0 毫升、5.0 毫升、10.0 毫升移液管；

h. 漏斗、定量滤纸；

i. 250 毫升微量移液器。

5.3.4.4 步骤

a. 在室温下称取 1 克（精确到 0.001 克）样品，置于 250 毫升具塞锥形瓶中，加入 25 毫升乙醇，盖好瓶塞，于振荡器上低速振荡 1 小时，然后加入 100 毫升蒸馏水，充分摇匀后，过滤，收集滤液。

b. 用移液管吸取 0.5 毫升上述稀释液于 50 毫升容量瓶中，用蒸馏水稀释至刻度并混匀。

c. 用移液管吸取 10 毫升稀释液于 50 毫升锥形瓶中，加入 2.0 毫升 20% 硫酸，振荡 1 分钟，然后用 200 毫升微量移液器加入 0.05 毫升 0.01 摩尔/升高锰酸钾溶液，在加入高锰酸钾溶液的同时，开动秒表振荡，当溶液的紫红色完全消退时，停止秒表，记录溶液的紫红色完全消退所耗用的时间（以"秒"计），即是该样品的氧化时间。每个样品平行测定三次，取算术平均值作为该样品的测定值。

6 包装

6.1 应采用符合国家食品安全卫生要求的材料包装。蜂胶乙醇提取物应定量包装。包装场地应符合食品安全卫生要求。包装应严密、牢固，便于装卸、贮存和运输。

6.2 应按等级分别包装。

7 标志

7.1 包装上应标明产品名称、等级、数量、生产者的名称、地址和生产日期。

7.2 图示标志应符合 GB/T 191 的规定。

8 贮存

8.1 贮存场所应清洁卫生、干燥、阴凉、通风，不应与有毒、有害、有异味、有腐蚀性、有放射性的可能发生污染的物品同场所贮存。

8.2 产品应按等级、规格分别存放。

9 运输

9.1 运输工具应清洁卫生。

9.2 不应与有毒、有害、有异味、易污染的物品混装运输。

9.3 防高温、暴晒、雨淋。

第三节 与蜂王浆、蜂王浆冻干粉有关的国家标准

中华人民共和国国家标准 GB 9697—2008
蜂王浆 Royal jelly
2008-06-27 发布 2009-01-01 实施
中华人民共和国国家质量监督检验检疫总局、
中国国家标准化管理委员会发布

0 前言

本标准的第四章是强制性的，其余是推荐性的。

本标准代替 GB/T 9697—2002《蜂王浆》。

本标准与 GB/T 9697—2002 相比主要变化如下。

①由推荐性标准改为条文强制性标准；

②增加了术语和定义；

③修改了蜂王浆的定义；

④调整了蛋白质含量的界限值。

本标准的附录 A 是规范性附录。

本标准由中华全国供销合作总社提出并归口。

本标准起草单位：南京老山药业股份有限公司、中华全国供销合作总社蜜蜂产品标准化技术委员会秘书处、中国蜂产品协会蜂王浆专业委员会。

本标准主要起草人：李子健、管春华、李晓栋、陈明虎、杨寒冰。

本标准所代替标准的历次版本发布情况为：

GB/T 9697—2002。

1 范围

本标准规定了蜂王浆的定义、等级、品质、试验方法、包装、贮存、运输要求。

本标准适用于蜂王浆的生产和贸易。

2 规范性引用文件

下列文件中的条款通过本标准的引用而成为本标准的条款。凡是注日期的引用文件，其随后所有的修改单（不包括勘误的内容）或修订版均不适用于本标准，然而，鼓励根据本标准达成协议的各方研究是否可使用这些文件的最新版本。凡是不注日期的引用文件，其最新版本适用于本标准。

GB/T 601《化学制剂 标准滴定溶液的制备》

GB/T 5009.4—2003《食品中灰分的测定》

GB/T 7718《预包装食品标签通则》

3 术语和定义

蜂王浆 royal jelly

蜂皇浆 royal jelly

工蜂咽下腺和上颚腺分泌的，主要用于饲喂蜂王和蜂幼虫的乳白色、淡黄色或浅橙色浆状物质。

4 要求

4.1 感官要求

4.1.1 色泽

无论是黏浆状还是冰冻状态，都应是乳白色、淡黄色或浅橙色，有光泽。冰冻状态时还有冰晶的光泽。

4.1.2 气味

黏浆状态时，应有类似花蜜或花粉的香味和辛辣味。气味纯正，不得有发酵、酸败气味。

4.1.3 滋味和口感

黏浆状态时，有明显的酸、涩、辛辣和微甜感，上腭和咽喉有刺激感。咽下或吐出后，咽喉刺激感仍会存留一些时间。冰冻状态时，初品尝有颗粒感，逐渐消失，并出现与黏浆状态同样的口感。

4.1.4 状态

常温下或解冻后呈黏浆状，具有流动性。不应有气泡和杂质（如蜡屑等）。

4.2 等级

根据理化品质，蜂王浆分为优等品和合格品两个等级。

4.3 理化要求

产品等级和理化要求见表2-9。

表2-9　产品等级和理化要求

指标		优等品	合格品
水分/%	≤	67.5	69.0
10-羟基-2-癸烯酸/%	≥	1.8	1.4
蛋白质/%	≤	11~16	
总糖（以葡萄糖计）/%	≤	15	
灰分/%	≤	1.5	
酸度（1摩尔/升NaOH）/（毫升/100克）		30~53	
淀粉		不得检出	

4.4　安全卫生要求

应符合国家法律、法规和政府规章要求，符合国家有关标准规定的安全卫生要求。

4.5　真实性要求

不得添加或取出任何成分。

5　试验方法

如无特别说明，各方法所用试剂均为分析纯试剂，水为蒸馏水。

5.1　样品制备

采用不锈钢棒、管或勺作为取样器。将样品装入样品瓶内，充分搅拌使其混合均匀，作为待测样品。每件样品应不少于20克。

取样后应立即试验。如不能及时试验，应在-18℃冰箱中冰冻保存。

5.2　水分

5.2.1　仪器

a. 减压干燥箱

b. 称量瓶：高25毫米，直径35毫米；

c. 分析天平：感量0.001克。

5.2.2　试验步骤

取蜂王浆约0.5克，置于已干燥至恒温的称量瓶中，精密称定，摊平，放入减压干燥箱，在温度75℃，压力-0.095~-0.10兆帕（-730~-760毫米汞柱）下干燥4小时后取出称量瓶，置干燥器中，冷却30分钟后称量，反复干燥直至前后两次质量差不超过2毫克，为恒量。

5.2.3　计算

蜂王浆中水分含量按式（1）计算：

$$X_1 = \frac{m_1 - m_2}{m_1 - m_3} \times 100 \qquad (1)$$

式中：

X_1——蜂王浆中水分含量，%；

m_1——称量瓶和试样的质量，单位为克；

m_2——称量瓶和试样干燥至恒温后的质量，单位为克；

m_3——称量瓶的质量，单位为克。

5.2.4 平行试验相对偏差

平行试验相对偏差不得超过 0.8%。

5.3 10 - 羟基 - 2 - 癸烯酸

5.3.1 试剂

本试验所用水为重蒸馏水。

a. 甲醇：紫外光谱纯或在检测波长处透光率大于 30% 的分析纯。

b. 无水乙醇：优级纯。

c. 内标物：对羟基苯甲酸甲酯，含量 99.0%。

d. 10 - HDA 标准品：99.0% 以上。使用前应在放有浓硫酸的减压干燥器内减压干燥 24 小时。

e. 10 - HDA 标准溶液：取干燥后的 10 - HDA 标准品约 25 毫克，精密称定，加无水乙醇溶解并移入 25 毫升容量瓶中，用无水乙醇稀释至刻度，摇匀。此溶液每毫升含 10 - HDA 约 1 毫克。

f. 内标溶液：取已干燥过的对羟基苯甲酸甲酯约 650 毫克，精密称定，加无水乙醇溶解并移入 1 000 毫升容量瓶中，用无水乙醇稀释至刻度，摇匀。此溶液每毫升含内标物约 0.65 毫克。

g. 盐酸（$c = 0.03$ 摩尔/升）：量取 0.1 摩尔/升盐酸 100 毫升，加入 200 毫升重蒸馏水中。

h. 流动相 ϕ（$CH_3OH + 0.03$ 摩尔/升 $HCl + H_2O$）= 55 + 10 + 35。

5.3.2 仪器

a. 高效液相色谱仪：配置紫外检测器，记录仪或微处理机；

b. 色谱柱：4.6 毫米 × 250 毫米不锈钢柱，填充无定形硅胶 C_{18} 键合相，5 微米或 10 微米；

c. 超声波清洗仪；

d. 漩涡混匀器；

e. 分析天平：感量 0.001 克。

5.3.3 试验步骤

5.3.3.1 试样处理

样品解冻至室温后用玻璃棒搅匀,取约0.5克,置于已称定的50毫升容量瓶中,精密称定,加0.03摩尔/升盐酸1毫升和水2毫升,至漩涡混匀器上混合使试样溶解,加无水乙醇30毫升,边加入边轻轻摇动,再精密加入内标溶液10毫升,并用无水乙醇稀释至刻度,摇匀,立即置超声波浴中超声15分钟,或置漩涡混匀器上振荡15分钟,取出,在3 000转/分下离心10分钟后测定。如不能及时测定,应放置在冰箱中冷藏待测。

5.3.3.2 色谱条件

测定波长:210纳米;柱温度:35℃;流动相流速:1毫升/分。

5.3.3.3 校正因子测定

精密吸取10-HDA标准溶液0.5毫升、1毫升、2毫升、3毫升、4毫升、5毫升至10毫升容量瓶中。精密加入内标溶液2毫升,用无水乙醇稀释至刻度,摇匀。分别吸取此溶液2微升,注入色谱仪,用峰面积比值计算,应呈线性,求出校正因子F。

5.3.3.4 试样测定

吸取试样溶液4微升,注入色谱仪,按"内标法"定量。

5.3.4 计算

蜂王浆中10-羟基-2-癸烯酸含量按式(2)计算:

$$X_2 = F \times \frac{A_i}{A_s} \times \frac{m_s}{m_i} \times 100 \qquad (2)$$

式中:

X_2——蜂王浆中10-羟基-2-癸烯酸含量,%;

F——校正因子;

A_i——试样中被测组分峰面积;

A_s——试样中内标物峰面积;

m_s——内标物质量,单位为克(克);

m_i——试样质量,单位为克(克)。

5.3.5 平行试验相对偏差

平行试验相对偏差不得超过2.0%。

5.4 蛋白质

5.4.1 试剂

a. 浓硫酸($\omega = 95\% \sim 98\%$);

b. 浓硫酸与硫酸钾混合试剂：称取硫酸铜 1 克，硫酸钾 10 克，置研钵中混合均匀，研细备用；

c. 混合指示剂：量取甲基红乙醇溶液（$\rho = 1$ 克/升）2 份，溴甲酚绿乙醇溶液（$\rho = 2$ 克/升）3 份，混匀；

d. 硼酸吸收液（$\rho = 20$ 克/升）：称取硼酸 2.0 克，置于 100 毫升具塞量筒中，加乙醇 20 毫升，并加蒸馏水稀释至刻度，振摇使硼酸溶解，备用；

e. 氢氧化钠溶液（$\rho = 400$ 克/升）：称取氢氧化钠 40 克，加蒸馏水稀释至 100 毫升；

f. 稀硫酸：量取浓硫酸 5.7 毫升，加蒸馏水稀释至 100 毫升；

g. 盐酸标准溶液（0.1 摩尔/升）：按 GB/T 601 配制和标定。使用前准确稀释 10 倍。

5.4.2 仪器

a. 凯氏定氮法消化装置、50 毫升凯氏烧杯（如使用远红外消解电炉则配用 50 毫升消解管加曲颈漏斗）；

b. 10 毫升酸式滴定管；

c. 分析天平：感量 0.001 克；

d. 半微量法蒸馏装置（附录 A）。

5.4.3 试验步骤

5.4.3.1 蒸馏装置的清洗

连接蒸馏装置，A 瓶中加适量蒸馏水与甲基红指示液数滴，加稀硫酸使成酸性，加玻璃珠沸石数粒，从 D 漏斗加蒸馏水约 50 毫升，关闭 G 夹，开放冷凝水，煮沸 A 瓶中蒸馏水。当蒸气从冷凝管尖端冷凝而出时，移去火源，关 H 夹，使 C 瓶中的蒸馏水反冲到 B 瓶中。开 G 夹，放出 B 瓶中的蒸馏水，关 B 瓶及 G 夹。将冷凝管尖端浸入约 50 毫升蒸馏水中，使蒸馏水自冷凝管尖端反冲至 C 瓶，再冲至 B 瓶，如上法放去蒸馏水。如此将仪器洗涤 2~3 次。

5.4.3.2 消化

取蜂王浆试样约 1 克置已称定的滤纸上，精密称定后包好，放入凯氏烧瓶或消解管中。加入硫酸铜与硫酸钾混合试剂 2 克，再沿瓶壁缓缓加入浓硫酸 10 毫升，充分混合，在瓶口放一小漏斗，使烧瓶成 45° 斜置，开始用较低温度缓缓加热，使溶液温度保持在沸点以下，等沸泡停止后，逐步加大电力，待消化溶解沸腾，保持此状态但不使溶液溢出，待溶液成澄明的绿色后，继续加热 30 分钟，冷却后转移至 100 毫升容量瓶中，用蒸馏水稀释至刻度，摇匀备用。

5.4.3.3 蒸馏

量取20克/升硼酸溶液10毫升，置100毫升锥形瓶中，加混合指示剂5滴，将冷凝管尖端浸入液面下以后，精密吸取上述消化溶液5毫升，经由D漏斗移入反应管中，再加入400克/升氢氧化钠溶液10毫升，用少量蒸馏水洗D漏斗数次，关G夹，加数毫升蒸馏水于D漏斗中以封闭管路。加热A瓶（瓶中的蒸馏水应滴加稀硫酸保持酸性），进行水蒸气蒸馏，从硼酸溶液开始由酒红色变为蓝绿色时起，继续蒸馏10分钟后，将冷凝管尖端提出液面，使整齐继续冲洗1分钟，用少量蒸馏水淋洗尖端后，停止蒸馏。

5.4.3.4 滴定

将吸收液用0.01摩尔/升盐酸标准溶液滴定至由蓝绿色变为灰紫色为终点。

5.4.4 计算

蜂王浆中蛋白质含量按式（3）计算：

$$X_3 = \frac{(V_1 - V_0) \times c_1 \times 0.014}{m_4 \times \frac{5}{100}} \times 6.25 \times 100 \qquad (3)$$

式中：

X_3——蜂王浆中蛋白质含量，以质量分数表示，%；

V_1——滴定试样时0.01摩尔/升盐酸标准溶液消耗的体积，单位为毫升；

V_0——滴定空白时0.01摩尔/升盐酸标准溶液消耗的体积，单位为毫升；

c_1——盐酸标准溶液的浓度，单位为摩尔每升；

0.014——氮的毫摩尔质量，单位为克；

m_4——样品的质量，单位为克；

6.25——氮换算为蛋白质的系数。

5.4.5 平行试验的相对偏差

平行试验相对偏差不得超过3.0%。

5.5 总糖

5.5.1 试剂

a. 葡萄糖标准溶液：精密称取经98~100℃干燥至恒重的纯葡萄糖（比旋光度+52.5°~+53°）1.000克，加蒸馏水溶解后加入盐酸5毫升，并以蒸馏水稀释至1 000毫升，此溶液每毫升相当于1毫克葡萄糖。

b. 碱性酒石酸铜甲液：称取硫酸铜（$CuSO_4 \cdot 5H_2O$）15 克及次甲基蓝 0.05 克，加蒸馏水溶解并稀释至 1 000 毫升，贮存于密塞瓶内。

c. 碱性酒石酸铜乙液：称取酒石酸钾钠 50 克及氢氧化钠 75 克，加蒸馏水溶解，加入亚铁氰化钾 4 克，待其完全溶解后，用蒸馏水稀释至 1 000 毫升，贮存于密塞聚乙烯塑料瓶内。

碱性酒石酸铜溶液的标定：精密吸取碱性酒石酸铜甲液和乙液各 5 毫升，置于 150 毫升锥形瓶中，加蒸馏水 10 毫升，自滴定管加葡萄糖标准溶液约 9 毫升，控制在 2 分钟内加热至沸，趁沸以每 2 秒一滴的速度继续滴加葡萄糖标准溶液，直到溶液蓝色刚好褪去为终点，记录消耗葡萄糖标准溶液的总体积，同时平行操作三份，取其平均值，计算每 10 毫升（甲液、乙液各 5 毫升）碱性酒石酸铜溶液相当于葡萄糖的质量（毫克）。

d. 乙酸锌溶液（$\rho = 219$ 克/升）：称取乙酸锌 21.9 克，加冰乙酸 3 毫升，加蒸馏水溶解并稀释至 100 毫升。

e. 亚铁氰化钾溶液（$\rho = 106$ 克/升）。

f. 浓盐酸（$\omega = 36\% \sim 38\%$）。

g. 盐酸（$c = 6$ 摩尔/升）：量取盐酸 50 毫升，加蒸馏水稀释至 100 毫升。

h. 氢氧化钠溶液（$\rho = 200$ 克/升）。

i. 甲基红指示液（$\rho = 1$ 克/升，乙醇溶液）。

5.5.2 仪器

a. 电热恒温水浴锅：温度波动 ±1℃；

b. 分析天平，感量 0.001 克，或电子天平，感量 0.001 克。

5.5.3 试验步骤

5.5.3.1 试样处理

精密称取蜂王浆试样约 4 克，置于 100 毫升容量瓶中，加蒸馏水 50 毫升，振摇使试样溶解后缓缓加入乙酸锌溶液及亚铁氰化钾溶液各 5 毫升，加蒸馏水稀释至刻度，摇匀。静置 30 分钟后用干燥滤纸过滤，弃去初滤液数毫升，滤液备用。

精密吸取上款滤液 50 毫升，置于 100 毫升容量瓶中，加入盐酸（$c = 6$ 摩尔/升）10 毫升，摇匀，置于电热恒温水浴锅中，在 68~70℃ 下水解 10 分钟，流水冷却至室温，加甲基红指示液 2 滴，摇匀，用氢氧化钠溶液（$\rho = 200$ 克/升）中和至溶液呈黄色，加蒸馏水稀释至刻度，摇匀，作为试样溶液备用。

5.5.3.2 试样溶液滴定

精密吸取碱性酒石酸铜甲液和乙液各 5 毫升,置于 150 毫升锥形瓶中,加蒸馏水 10 毫升,控制在 2 分钟加热至沸,以先快后慢的速度,从滴定管中滴加试样溶液,并保持溶液沸腾状态,待溶液颜色变浅时,以每 2 秒一滴的速度滴定,直至蓝色刚好褪去为终点,记录试样溶液消耗的体积。

5.5.4 计算

蜂王浆中总糖含量按式(4)计算:

$$X_4 = \frac{T}{m_5 \times \frac{V_2}{100} \times \frac{1}{2} \times 1\,000} \times 100 \qquad (4)$$

式中:

X_4——蜂王浆中总糖(以葡萄糖计)含量,以质量分数表示,%;

T——碱性酒石酸铜溶液滴定度,10 毫升碱性酒石酸铜溶液(甲液、乙液各 5 毫升)相当于葡萄糖的质量,单位为毫克;

m_5——试样质量,单位为克;

V_2——滴定时试样溶液所消耗的体积,单位为毫升。

5.5.5 平行试验相对偏差。

5.6 灰分

5.6.1 试剂

浓硫酸($\omega = 95\% \sim 98\%$)。

5.6.2 仪器

  a. 分析天平:感量 ±0.001 克;
  b. 石英或瓷坩埚:30 毫升;
  c. 干燥器:内置硅胶干燥剂;
  d. 高温炉。

5.6.3 试验步骤

5.6.3.1 按 GB/T 5009.4—2003 中 4.1 执行。

5.6.3.2 精密称量蜂王浆试样约 1.5 克,置于已烧灼至恒温的坩埚中,先用小火加热使样品充分碳化至无烟。冷却至室温,加入浓硫酸 0.5~1 毫升,使样品湿润。低温加热除尽硫酸蒸汽。置高温炉中,在 700~800℃下灼烧至无炭粒,即灰化完全。温度将至 200℃以下后取出,放入干燥器中冷却至室温,称量。重复灼烧至前后两次称量相差不超过 0.3 克为恒量。

5.6.4 计算

蜂王浆中灰分含量按式(5)计算:

$$X_5 = \frac{m_6 - m_7}{m_8 - m_7} \times 100 \tag{5}$$

式中：

X_5——蜂王浆中灰分含量，以质量分数表示，%；

m_6——坩埚和灰分的质量，单位为克；

m_7——坩埚的质量，单位为克；

m_8——坩埚和试样的质量，单位为克。

5.6.5 平行试验相对偏差

平行试验相对偏差不得超过2.0%。

5.7 酸度

5.7.1 试剂

氢氧化钠溶液（$c = 0.1$ 摩尔/升）：按 GB/T 601 标准配制并标定。

5.7.2 仪器

a. 酸度计：pH 值精度为 0.1；

b. 滴定管：10 毫升；

c. 分析天平：感量 ±0.0001 克和感量 ±0.001 克。

5.7.3 试验步骤

称取蜂王浆试样 1.00 克，置于 100 毫升烧杯中，加入新煮沸并已冷却的蒸馏水 75 毫升，用氢氧化钠标准溶液（$c = 0.1$ 摩尔/升）滴定，至酸度计指示 pH 值为 8.3 为终点。

5.7.4 计算

滴定消耗的氢氧化钠标准溶液的毫升数与浓度值（摩尔/升）相乘，再乘以 100，即为试样的酸度。

5.7.5 平行试验相对偏差

平行试验相对偏差不得超过5%。

5.8 淀粉

5.8.1 试剂

碘溶液（$\rho = 13$ 克/升）：称取碘 1.3 克、碘化钾 3.6 克，置于 200 毫升烧杯中，加蒸馏水 30 毫升，再加浓盐酸 1 滴溶解后加蒸馏水至 100 毫升，搅匀，置于棕色瓶中，密塞备用。

5.8.2 试验步骤

称取蜂王浆试样约 0.2 克，置于 50 毫升烧杯中，加入蒸馏水 10 毫升，搅匀，加热至沸，冷却至室温后加入碘液（$\rho = 13$ 克/升）数滴，不得呈蓝色。

6 包装、标志、贮存、运输

6.1 包装
包装容器应符合安全卫生要求,包装严密、牢固。

6.2 标志
产品包装上应标明产品名称、产地、收购单位、检验员姓名、收购日期、净含量/毛重及皮重。

用作预包装食品时,其标签应符合 GB 7718 要求。

运输包装应标明产品名称、数量和运输图示标志。

6.3 贮存
贮存温度应在 -18℃以下。

不同产地、不同时间生产的蜂王浆要分别存放(装瓶、装箱)。

不得与有异味、有毒、有腐蚀性和可能产生污染的物品同库存放。

6.4 运输应低温运输,不得与有异味、有毒、有腐蚀性和可能产生污染的物品同装混运。

蜂王浆中蛋白质试验的半微量法蒸馏装置见图 2-3。

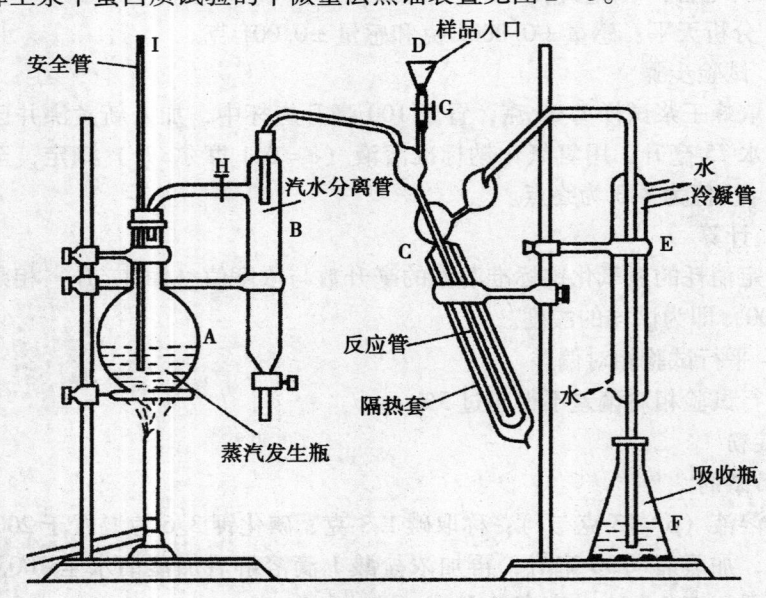

图 2-3 半微量法蒸馏装置

A——1 000 毫升圆底烧瓶; E——直形冷凝管; B——安全瓶; F——100 毫升锥形瓶;
C——连有氮气球的蒸馏器; G、H——橡皮管夹; D——漏斗; I——安全管。

第四节 与蜂王浆冻干粉有关的国家标准

中华人民共和国国家标准 GB/T 21532—2008
蜂王浆冻干粉

2008-04-09 发布   2008-09-01 实施

0 前言

本标准由中华全国供销总社提出并归口。

本标准起草单位：国家蜂产品质量监督检验中心、广州市宝生园有限公司、中华全国供销总社、广州蜂产品质量监督检验测试中心。

本标准主要起草人：潘建国、郑尧隆、李立群、李子健。

本标准为首次发布。

1 范围

本标准规定了蜂王浆冻干粉的等级、要求、试验方法、包装、标志、贮存与运输要求。

本标注适用于蜂王浆冻干粉的加工与销售。

2 规范性引用文件

下列文件中的条款通过本标准的引用而成为本标准的条款，凡是注日期的引用文件，其随后所有的修改单（不包括勘误的内容）或修订版不适用于本标准，然而，鼓励根据本标准达成协议的各方研究是否可使用这些文件的最新版本。凡是不注日期的引用文件，其最新版本适用于本标准。

GB/T 191《包装储运图示标志》。

GB/T 5048《防潮包装》。

GB 7718《预包装食品标签通则》

GB/T 9697《蜂王浆》。

GB/T 12339《防护用内包装材料》。

GB/T 15171《软包装件密封性能试验方法》。

GB/T 17344《包装 包装容器 气密试验方法》。

3 术语和定义

下列术语和定义适用于本标准。

3.1

蜂王浆冻干粉 lyophilized royal jelly powder

蜂皇浆冻干粉 lyophilized royal jelly powder

通过真空冷冻干燥方法加工制成的脱水蜂王浆粉末。

4 要求

4.1 原料要求

应符合 GB/T 9697 的规定。

4.2 感官要求

感官要求见表 2-10。

表 2-10 感官要求

项目	要求
色泽	乳白色或淡黄色
状态	粉末状,无肉眼可见黑点
气味	有蜂王浆气味,气味纯正,不得有发酵、发臭等异味
滋味	有明显的酸、涩、辛辣味,回味略甜

4.3 等级和理化要求

等级和理化要求见表 2-11。

表 2-11 等级和理化要求

项目		一级品	二级品
10-羟基-2-癸烯酸/%	≥	5.0	4.0
水分/%	≤	3.0	5.0
蛋白质/%	≥	33	
酸度(1摩尔/升 NaOH)/(毫升/100 克)		90~159	
灰分/%	≤	4.0	
总糖(以葡萄糖计)/%		45	
淀粉		不得检出	

4.4 安全卫生要求

应符合国家法律、法规和政府规章要求,符合国家有关标准规定的安全卫生要求。

5 试验方法

5.1 抽样

在同一批次产品中抽取不少于 150 克样品,均分为 3 份,每份不少于

50 克，置于铝塑复合薄膜袋中密封保存。供检验、复检与备查用。
5.2 试样保存
试样宜及时检验，在不能及时检验的情况下应将试样置于冰箱冷冻保存。
5.3 感官试验
5.3.1 颜色与状态
用 0.2 毫米厚 15 厘米×9 厘米的密实透明塑料袋装约 5 克的蜂王浆冻干粉，立即密封，在自然光充足处，观察其颜色和状态以及有无结块。然后，打开透明塑料袋，把蜂王浆冻干粉倒入一洁净器皿中，在白色背景下观察有无黑点。
5.3.2 气味
打开盛蜂王浆冻干粉的包装，距离试样约 20 厘米嗅其气味。
5.3.3 滋味
取出少量蜂王浆冻干粉，用口品尝其滋味。
5.4 理化试验
5.4.1 水分
按 GB/T 9697 规定的方法试验。
本项试验宜在其他试验前进行。应在室温≤20℃条件下打开试样，且在 2 分钟内称量完毕。
5.4.2 10-羟基-2-癸烯酸
按 GB/T 9697 规定的方法试验。
5.4.3 蛋白质
按 GB/T 9697 规定的方法试验。
5.4.4 酸度
按 GB/T 9697 规定的方法试验。
5.4.5 灰分
按 GB/T 9697 规定的方法试验。
5.4.6 总糖
按 GB/T 9697 规定的方法试验。
5.4.7 淀粉
按 GB/T 9697 规定的方法试验。
6 包装
6.1 包装的防潮等级不得低于 GB/T 5048 规定的 2 级，包装材料亦应符合

GB/T 5048 要求和相应的食品安全卫生要求。

6.2 防护用内包装材料应符合 GB/T 12339 要求，并符合相应的食品安全卫生要求。

6.3 包装容器内若放有干燥剂，应符合相应的食品安全卫生要求。

6.4 包装要牢固、密封、防潮、避光、整洁，便于贮存和运输。

6.5 应很据 GB/T 17344 验证包装的气密性能。对于防护性软包装，则应根据 GB/T 15171 验证包装的密封性能。

7 标志

食品标签应符合 GB 7718 的要求。

宜标示贮存和运输的温、湿度条件或根据 GB/T 191 的规定标示怕晒、怕雨和温度极限标志。

其他图示标志亦应符合 GB/T 191 的规定。

若包装容器内放有干燥剂，应在标志中作出如下提示："内有干燥剂，干燥剂不可食用。"

8 运输

8.1 运输工具应清洁卫生、干燥、无异味、无污染，严禁与有毒、有害、有异味、易污染的物品混装混运。

8.2 运输途中严防日晒、雨淋，装卸时应轻装轻卸。

9 贮存

9.1 应按产品批次、等级、规格分别堆放。

9.2 应在阴凉（≤20℃）、干燥处保存。

9.3 不得与有毒、有害、有异味的物品同时贮存。

第五节 与蜂花粉有关的标准

中华人民共和国供销合作行业标准蜂花粉
Bes pollen GH/T 1014—1999

中华全国供销合作总社 1999-07-19 批准

1999-11-01 实施

0 前言

本标准是对 GB 11758—1989《蜂花粉》的修订，主要修订内容如下：

①删除了花粉团粒、过氧化氢酶单位、杂质的定义；

②蜂花粉的质量等级由 3 个等级改为 2 个等级；

③删除了验收规则；

④把原标准附录 A《蜂花粉的生产要求》纳入标准正文；

⑤理化要求中删除了过氧化氢酶指标；

⑥改写了水分、灰分、蛋白质、维生素 C 的试验方法；

⑦改写了主要蜂花粉色泽、形态特征图谱和镜检方法，增加了荷花粉及茶花粉形态特征图谱，作为鉴别依据。

本标准自 1999 年 11 月 1 日起实施。

本标准自实施之日起，同时代替 GB 11758—1989。

本标准的附录 A 是标准的附录。

本标准由中华全国供销合作总社提出并归口。

本标准起草单位：中国蜂产品协会花粉专业委员会及科技委员会、绵阳市华神空气动力技术应用厂、西安舒仲花粉有限公司、北京大学地质系花粉室、中国农业科学院蜜蜂研究所、北京市蜂业公司、北京富得龙新技术研究所、慈溪汇蜂实业公司、深圳太太药业公司、国家蜂产品质量监督检验中心。

本标准主要起草人：徐景耀、李子健、王宪曾、石新立。

1 范围

本标准规定了蜂花粉的定义、技术要求、试验方法、生产和包装、标志、贮存、运输要求。

本标准适用于蜂花粉的生产、购销、加工。
2 引用标准
下列标准所包含的条文，通过在本标准中引用而构成为本标准的条文。本标准出版时，所示版本均为有效。所有标准都会被修订，使用本标准的各方应探讨使用下列标准最新版本的可能性。

GB/T 5009.3—1985《食品中水分的测定方法》

GB/T 5009.4—1985《食品中灰分的测定方法》

GB/T 5009.5—1985《食品中蛋白质的测定方法》

GB/T 12392—1990《蔬菜、水果及其制品中总抗坏血酸的测定方法荧光法和2.4－二硝基苯肼法》

3 定义
本标准采用下列定义。
3.1 蜂花粉 bee pollen
蜜蜂采集被子植物雄蕊药或裸子植物小孢子囊内的花粉细胞，形成的团粒状物。
3.2 碎蜂花粉 bee pollen debris
蜂花粉的破碎物。
3.3 单一品种蜂花粉
由一种蜜源植物花粉组成的产品。
4 技术要求
4.1 感官要求
不规则的扁圆形，无虫蛀，无霉变。具有蜂花粉特有的色泽、气味、滋味。

单一品种蜂花粉还应具有该品种蜂花粉特有的形态、色泽、气味和滋味。

花粉细胞形态符合附录A的要求。
4.2 理化要求
4.2.1 通用理化要求见表2－12。

表2－12 通用理化要求

项目		一等品	二等品
杂质,%	≤	0.5	1
水分,%	≤	8	10

(续表)

项目		一等品	二等品
碎蜂花粉率,%	≤	2	3
蛋白质,%	≥	15	
维生素C,毫克/100克	≥	4	
灰分,%	≤	4	

4.2.2　单一品种蜂花粉的特殊要求见表2-13。

表2-13　单一品种蜂花粉的特殊要求

项目		一等品	二等品
单一品种蜂花粉率,%	≥	85	

5　试验方法

5.1　抽样方法

　　从蜂花粉包装内的上、中、下部分别等量抽取样品总量250~500克，倒入洁净的白瓷盘中，混合均匀后铺平，用对角线法将样品分成两份，取一份供检验用，另一份备用。

5.2　感官指标检验

5.2.1　形态、色泽：用放大镜或目测观察。色泽见附录A。

　　细胞形态观察见附录A。

5.2.2　气味：鼻嗅。

5.2.3　滋味：口尝。

5.3　理化指标检验

5.3.1　杂质测定

5.3.1.1　方法一：定性观察法

　　目测无明显杂质，将手插入蜂花粉包装袋内，弯回手指慢慢从包内抽出。手上无砂粒、细土。

5.3.1.2　方法二：称量测定法

　　用感量为0.01克的托盘式扭力天平称取试样约100克，放入白瓷盘内拣出杂质并精确称量，用式（1）计算杂质。

$$杂质（\%）=\frac{杂质的质量}{试样的质量}\times 100 \qquad (1)$$

5.3.2 水分测定

按 GB/T 5009.3 规定执行。

5.3.3 碎蜂花粉率测定

用感量为 0.1 克的架盘天平称取试样约 50 克，用 20 目分样筛筛出碎粒及碎粉末称重。用式（2）计算。

$$碎蜂花粉率（\%）=\frac{筛出碎粒粉末质量}{试样质量}\times100 \quad (2)$$

5.3.4 蛋白质测定

按 GB/T 5009.5 规定的方法测定。

5.3.5 维生素 C 测定

按 GB/T 12392 规定的方法测定。

5.3.6 灰分测定

按 GB/T 5009.4 规定的方法测定。

5.3.7 单一花粉率测定

随机抽取试样约 1 克，拣出其中该品种蜂花粉团粒，分别计数，用式（3）计算。

$$单一品种蜂花粉率（\%）=\frac{该品种蜂花粉团粒数}{试样蜂花粉团粒总数}\times100 \quad (3)$$

6 生产

6.1 不同种的蜜蜂应用不同规格的脱粉器。

西方蜜蜂脱粉器的孔的直径为 4.9 毫米左右。

东方蜜蜂脱粉器的孔的直径为 4.6 毫米。

6.2 脱粉器具应清洁卫生，不得使用不洁净的物品代替。

6.3 蜂花粉应适时收集。在洁净、避光的环境中及时晾干。干燥后，筛去杂质，即时封装。

7 包装、标志、贮存、运输

7.1 包装

应使用双层食品塑料袋封装，外套编织袋或布袋。无破损，无泄漏。

7.2 标志

标明产品名称、净重、皮重或毛重、花种、产地、生产或经营单位、包装日期。

7.3 贮存

温度在 -5℃ 以下。如无此条件，可用真空充氮贮存。

短期临时存放,应经过干燥和密封处理后存于阴凉干燥处。

不同产地、花种、等级或不同季节采集的产品应分别贮存。

不得与有毒、有害、有异味的物品同处贮存。

7.4 运输

防风沙、防雨淋。不得与有毒、有害、有异味的物品同装混运。

附录A （标准的附录）
常见蜂花粉色泽、细胞形态特征图谱和显微镜检验方法

A1 常见蜂花粉色泽、细胞形态特征图谱

A1.1 油菜花粉

油菜花粉为黄色。

细胞呈近似长球形,按形态特征分为白菜型、甘蓝型、芥菜型。极面观为三列片状,三道萌发沟明显;赤道面观为圆形或椭圆形。外壁具网状雕纹。白菜型长径为32~39微米,甘蓝型和芥菜型长径为40~46微米。见图2-4。

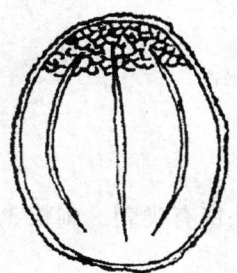 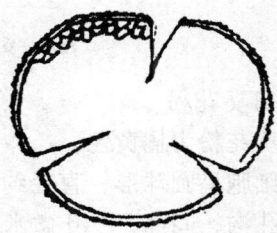

图2-4 油菜花粉细胞形态

A1.2 芝麻花粉

芝麻花粉为白色或咖啡色。

细胞呈扁球形（似扁南瓜）,少数为球形。表面有瘤状雕纹,从正面观察为负网状,35.3微米×40.1微米。具有10~13道萌发沟,间隙较宽。极面直径65微米,赤道面直径45微米。见图2-5。

A1.3 荞麦花粉

荞麦花粉为暗黄色。

花粉细胞呈长球形,表面有细网状雕纹。极面观察可见三道明显萌发

 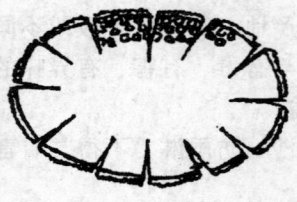

图2-5 芝麻花粉细胞形态

沟。极面直径约44微米。赤道面直径经约31微米。见图2-6。

图2-6 荞麦花粉细胞形态

A1.4 向日葵花粉

向日葵花粉为橘黄色。

花粉细胞呈圆球形,直径约为35微米。外壁有尖刺,刺长3～5微米。表面有3孔沟,间隔5～10微米。见图2-7。

 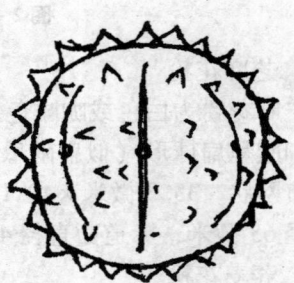

图2-7 向日葵花粉细胞形态

A1.5 玉米花粉

玉米花粉为淡黄色。

花粉细胞呈近似球形，直径约80微米。外壁光滑，有一个圆的萌发孔。见图2-8。

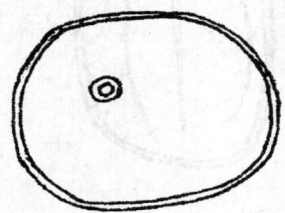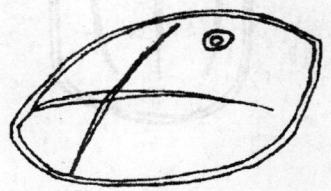

图2-8 玉米花粉细胞形态

A1.6 紫云英花粉

紫云英花粉为橘红色。

花粉细胞呈长球形，表面具细网状雕纹，有三孔沟。极面观为三裂片状。极面直径30微米，赤道面直径15微米。见图2-9。

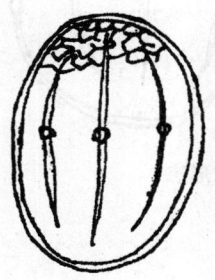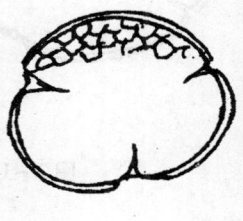

图2-9 紫云英花粉细胞形态

A1.7 蚕豆花粉

蚕豆花粉为黑绿色。

花粉细胞呈长球形，30微米×50微米。表面具细颗粒雕纹，有三条萌发沟。极面观为三角形。见图2-10。

A1.8 西瓜花粉

西瓜花粉为紫黄色。

花粉细胞呈近似球形，约55微米×60微米。外壁表面具有较大的网状雕纹，有3孔沟。极面观为三裂片状。见图2-11。

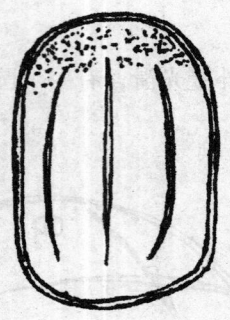 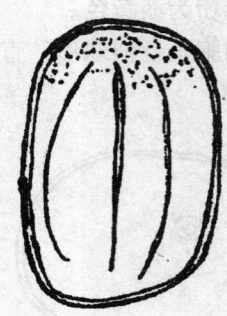

图 2-10 蚕豆花粉细胞形态

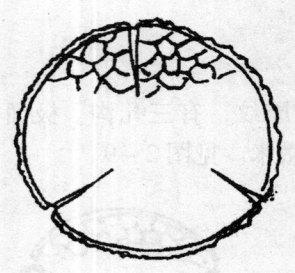 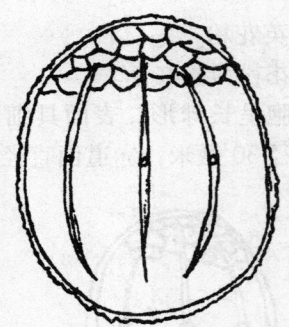

图 2-11 西瓜花粉细胞形态

A1.9 南瓜花粉

南瓜花粉为深黄色。

花粉细胞呈圆球形,直径150微米。表面有尖刺,刺长5~10微米。见图2-12。

A1.10 柑橘花粉

柑橘花粉为黄色。

花粉细胞呈近似球形,赤道面观为椭圆形或近似矩形。极面观为4~5裂圆形。具4~5孔沟,表面具网状雕纹。近似球形的直径约30微米。椭圆形的赤道直径为28微米,极面直径为32微米。见图2-13。

A1.11 党参花粉

党参花粉为黄色。

第二章 我国蜂业相关标准

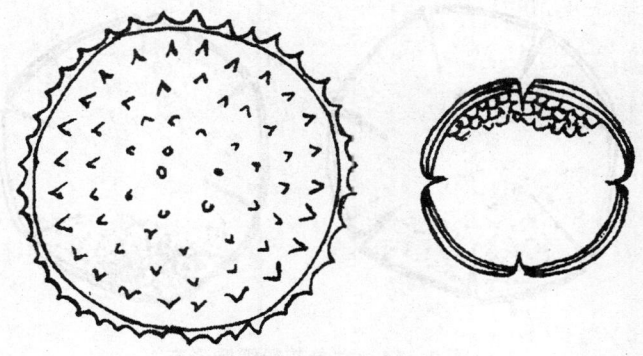

图 2-12 南瓜花粉细胞形态

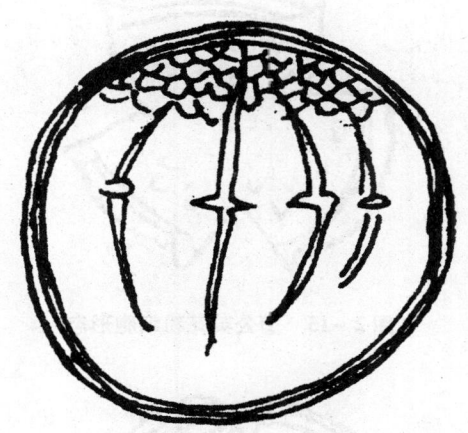

图 2-13 柑橘花粉细胞形态

花粉细胞呈近似球形，约 35 微米×40 微米。表面有颗粒状雕纹，有 6~7 道细条状萌发沟。见图 2-14。

A1.12 蒲公英花粉

蒲公英花粉为黄色。花粉细胞呈近似球形，直径约 28.3 微米。表面有明显刺网状雕纹，有三孔沟。见图 2-15。

A1.13 荷花花粉

荷花花粉为黄色。

花粉细胞呈近似球形。极面观为三裂圆形，直径 65~68 微米。具三沟，沟宽。壁厚 4.4~5.2 微米。表面有颗粒状纹。见图 2-16。

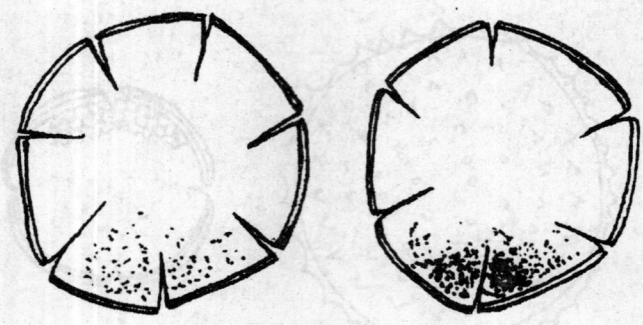

图2-14 党参花粉细胞形态

图2-15 蒲公英花粉细胞形态

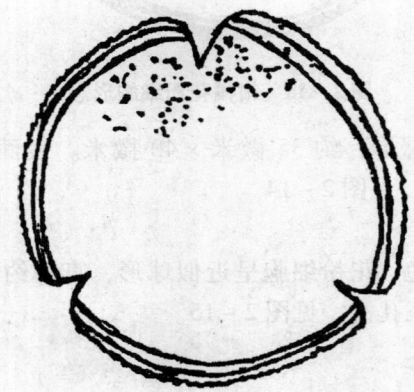

图2-16 荷花花粉细胞形态

A1.14 茶花花粉

茶花花粉为黄色。

花粉细胞呈近似球形。直径34~52微米。有三孔沟,内孔大,横长。表面有细网状纹。见图2-17。

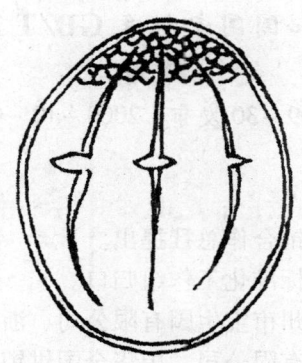

图2-17 茶花花粉细胞形态

A2 蜂花粉品种的鉴别——显微镜镜析法

A2.1 仪器

光学显微镜：10×40倍。

A2.2 步骤

取蜂花粉10~15粒置于刻度指形管中,加入硫酸和冰乙酸的混合液(1:9),浸没花粉粒。用玻璃棒捣碎花粉后,加热至沸,保持5分钟。冷却后加蒸馏水清洗,离心后弃去上清液,共清洗3次。沉淀物加甘油数滴搅匀。用玻璃棒蘸取1滴涂在载玻片上,盖上盖玻片,在显微镜下检视。按本附录A1的图谱对照鉴别。

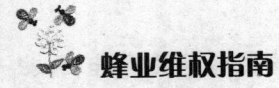

第六节 与蜂蜡有关的国家标准

中华人民共和国国家标准 GB/T 24314—2009
蜂蜡

2009-09-30 发布 2009-12-01 实施

0 前言

本标准由中华全国供销合作总社提出。

本标准由全国蜂产品标准化工作组归口。

本标准起草单位：广州市宝生园有限公司、浙江蜂之语蜂业集团有限公司、杭州天厨蜜源保健品有限公司、中华全国供销合作总社蜜蜂产品标准化技术委员会、河南省长兴蜂业有限公司、河南省维康蜂业有限公司、长葛市星阳蜂产品有限公司、长葛市福美蜂产品有限公司、北京逾世纪科技有限公司。

本标准主要起草人：郑尧隆、李立群、章征天、周萍、郑春强、王磊、周蔚平、李满长、郭书强、杨国铭、杨旗、李福亭、高惠江。

1 范围

本标准规定了蜂蜡的等级、要求、试验方法、包装、标志、贮存、运输要求。

本标准适用于养蜂生产获得的以及经简单加工形成的产品。

2 规范性引用文件

下列文件中的条款通过本标准的引用而成为本标准的条款，凡是注日期的引用文件，其随后所有的修改单（不包括勘误的内容）或修订版不适用于本标准，然而，鼓励根据本标准达成协议的各方研究是否可使用这些文件的最新版本。凡是不注日期的引用文件，其最新版本适用于本标准。

GB/T 601《化学试剂 标准滴定溶液的制备》

SN/T 1107《出口蜂蜡检验规程》

3 术语和定义

下列术语和定义适用于本标准。

3.1

蜡鳞 wax scale

工蜂蜡腺的分泌物。

3.2

蜂蜡 beeswax

蜡鳞和工蜂上颚腺分泌物的混合物。

注：俗称"蜜蜡"。

3.3

东方蜂蜡 beeswax of Apis cerana

东方蜜蜂分泌的蜂蜡。

注：国内生产的东方蜂蜡俗称"中蜂蜡"。

3.4

西蜂蜡 beeswax of Apis mellifera

西方蜜蜂分泌的蜂蜡。

4 要求

4.1 感官要求

熔化成型后的感官要求应符合表2-14的规定。

表2-14 熔化成型后的感官要求

颜色	乳白、浅黄、鲜黄、黄色、橘红色
气味	具有蜂蜡应有的香味，无异味
表面	无光泽，波纹状隆起
断面	砸开断面，结构紧凑，细腻均匀，颜色均一，无斜纹

4.2 理化要求

理化要求应符合表2-15规定

表2-15 理化要求

项目		一级品	二级品
杂质/%	≤	0.3	1.0
熔点/℃		62.0~67.0	
折光率（75℃）		1.4410~1.4430	
酸值（以KOH计）/（毫克/克）		东方蜂蜡 5.0~8.0 西蜂蜡 16.0~23.0	

(续表)

项目	一级品	二级品
皂化值（以 KOH 计）/（毫克/克）	75.0～110.0	
酯值（以 KOH 计）/（毫克/克）	东方蜂蜡 80.0～95.0 西蜂蜡 70.0～80.0	东方蜂蜡 70.0～79.0 西蜂蜡 60.0～69.0
碳氢化合物/（毫克/克）	16.5	18

4.3 真实性要求

不应添加或混入植物蜡、动物蜡、矿物蜡、动物油脂、脂肪酸、甘油酯、烃、脂肪醇物质。

5 试验方法

5.1 试样及其准备

5.1.1 仪器

样品瓶、小刀。

5.1.2 样品的制备

按 SN/T 1107 规定的方法制备。

5.2 杂质

5.2.1 仪器

烧杯、垂熔坩埚（3#-60 毫升）、烘箱。

5.2.2 试剂

甲苯。

5.2.3 操作步骤

称取 1 克蜡样（称准至 0.001 克）置于烧杯中，加入甲苯 30 毫升，使其充分溶解（用水浴稍加热），用恒重的热垂熔坩埚过滤，再用热甲苯冲洗至干净为止（在通风柜中操作），将坩埚在 105℃烘箱中干燥至恒重。

5.2.4 计算

样品中杂质含量的计算见式（1）。

$$X_1 = \frac{m_1 - m_0}{m} \times 100 \tag{1}$$

式中：

X_1——样品中杂质含量，%；

m_1——坩埚及杂质质量，单位为克（克）；

m_0——坩埚质量，单位为克（克）；

m——蜡样质量，单位为克（克）。

5.2.5 平行试验允许误差不超过0.04%，取平均值确定结果。

5.3 熔点

按 SN/T 1107 规定的方法试验。

5.4 折光率

5.4.1 仪器

阿贝折光仪、超级恒温器。

5.4.2 操作步骤

将阿贝折光仪与超级恒温器连接好，调节恒温器中水的温度恰好为 75℃，校正好折光仪，用玻璃棒蘸取融化的蜂蜡试样 1～3 滴，滴加在折射棱镜表面，迅速将进光棱镜盖上，用手轮锁紧。要求液层均匀，充满视场且无气泡。静置片刻，以待试样温度达 75℃，打开遮光板。合上反光镜，调节目镜视度，使十字线成像清晰，此时旋转折射率刻度调节手轮并在目镜视场中找到明暗分界线的位置，再旋转色散调节手轮使分界线不带任何彩色，微调手轮使分界线位于十字线的中心，再适当转动聚光镜，读出目镜视场下方显示的示值即蜂蜡的折光率。

5.5 酸值

5.5.1 仪器

　　a. 250 毫升磨口具塞三角瓶；

　　b. 25 毫升碱式滴定管；

　　c. 烧杯；

　　d. 恒温水浴箱；

　　e. 球星冷凝管：下口为磨口，其口径应与 250 毫升磨口具塞三角瓶的口径一致。

5.5.2 试剂

　　a. 1∶2 中性乙醇和乙醚混合液：试剂为分析纯。

　　b. 1% 酚酞指示剂：称取酚酞 1 克，用 95% 乙醇定容至 100 毫升。

　　c. 0.05 摩尔/升氢氧化钾标准溶液：称取 3 克分析纯氢氧化钾，用蒸馏水溶至 1 000 毫升，过滤备用，按 GB/T 601 中要求标定和计算。

5.5.3 操作步骤

称取 1 克蜡样（称准至 0.001 克），置于 250 毫升三角瓶中，加 25 毫升中性乙醇和乙醚混合液，在 80℃ 水浴上回流溶液样品至清澈透明。

加入 1 毫升酚酞指示剂，在 80℃ 水浴上迅速用 0.05 摩尔/升氢氧化钾溶液滴定至呈淡红色，1分钟内不褪色为终点，记其用量。同时做空白试验。

5.5.4　计算

$$X_2 = \frac{(V_1 - V_2) \times c_1 \times 56.11}{m_2} \qquad (2)$$

式中：

X_2——蜡样中的酸值，单位为毫克每克；

V_1——氢氧化钾标准溶液用量，单位为毫升；

V_2——空白试验氢氧化钾标准溶液用量，单位为毫升；

c_1——氢氧化钾标准溶液物质的量浓度，单位为摩尔每升；

56.11——1毫升1摩尔/升氢氧化钾标准溶液相当的氢氧化钾的质量，单位为毫克；

m_2——蜂蜡的质量，单位为克。

5.5.5　平行试验允许误差不超过±0.2毫克/克，取平均值确定结果。

5.6　皂化值

5.6.1　仪器

　　a. 250毫升磨口具塞三角瓶；

　　b. 球形冷凝管：下口为磨口，其口径应与250毫升磨口具塞三角瓶的口径一致；

　　c. 恒温水浴箱；

　　d. 25毫升酸式滴定管；

　　e. 25毫升移液管。

5.6.2　试剂

　　a. 0.5摩尔/升氢氧化钾-无水乙醇溶液：称取30克分析纯氢氧化钾，用无水乙醇溶于1 000毫升容量瓶中至刻度。

　　b. 0.5摩尔/升盐酸标准溶液：按GB/T 601配制、标定和计算。

　　c. 1%酚酞指示剂：称取酚酞1克，用95%乙醇定容至100毫升。

5.6.3　操作步骤

称取1克蜡样（称准至0.001克），置于250毫升三角瓶中，加入0.5摩尔/升氢氧化钾-无水乙醇溶液25毫升。

在具塞三角瓶口部装上球形冷凝管在90℃水浴上恒温30分钟，并随时摇动三角瓶，促使皂化，待瓶内溶液澄清透明，证明以完全皂化。用少许中性乙醇洗涤冷凝管，取下三角瓶，趁热迅速加入酚酞指示剂3

滴,用0.5摩尔/升盐酸标准溶液滴定至呈粉红色消失为终点。同时做空白试验。

5.6.4 计算

$$X_3 = \frac{(V_3 - V_4) \times c_2 \times 56.11}{m_3} \quad (3)$$

式中:

X_3——蜡样中的皂化值,单位为毫克每克;

V_3——空白试验盐酸标准溶液用量,单位为毫升;

V_4——盐酸标准溶液用量,单位为毫升;

c_2——盐酸标准溶液物质的量浓度,单位为摩尔每升;

56.11——1毫升1摩尔/升氢氧化钾标准溶液相当的氢氧化钾的质量,单位为毫克;

m_3——蜂蜡的质量,单位为克。

5.6.5 平行试验允许误差不超过±2毫克/克,取平均值确定结果。

5.7 酸值

按SN/T 1107规定的方法试验。

5.8 碳氢化合物

按SN/T 1107规定的方法试验。

6 包装

包装材料应有效保护产品,防止污染环境。

7 标志

应符合国家有关标识的规定。

8 贮存

8.1 应按产品等级、规格分别堆放。

8.2 应在通风、干燥仓库中存放。严禁与有毒、有害和有异味的物品混存。

8.3 贮存环境应有防鼠防虫措施。

9 运输

不应暴晒。置于高温及与有毒、有害和有异味的物品混装同运。

国外养蜂法规

第一节 CAC食品法典中的蜂蜜标准[①]

(2001年修订)

1 范围

1.1 本标准的第一部分适用于蜜蜂生产的所有蜂蜜,并涵盖加工且最终供直接食用的各种类型的蜂蜜产品。本标准的第二部分适用于工业用蜂蜜和作为其他食品成分的蜂蜜。

1.2 本标准的第二部分也适用于集装箱装运的散装蜂蜜,并可重新包装为零售包装的蜂蜜。

第一部分

2 描述

2.1 定义:蜂蜜是蜜蜂采集植物的花蜜或活体植物的分泌物或吸吮活体植物的昆虫的排泄物,带回巢房中储存,并加入自身分泌的特殊物质进行转化,沉积,脱水致成熟的天然甜物质。

2.1.1 花蜜:来源于植物花的蜂蜜。

2.1.2 甘露蜜:主要来源于蜜蜂吸吮活体植物的昆虫排泄物或活体植物的分泌物的蜂蜜。

2.2 说明:蜂蜜的主要成分是以葡萄糖和果糖为主的各种糖类,以及其他物质如有机酸、酶类和蜜蜂采集蜂蜜时带回的一些固体颗粒物质。蜂蜜的颜

[①] 词条:国际食品法典委员会(Codex Alimentarius Commission,CAC)是由联合国粮农组织(FAO)和世界卫生组织(WHO)共同建立,以保障消费者的健康和确保食品贸易公平为宗旨的一个制定国际食品标准的政府间组织

色从近乎无色至深棕色；其性状可以是液体的、黏滞的、部分结晶或完全结晶的；形态可是液态、凝胶状或结晶化；气味则因不同蜜源植物而不同。

3 基本成分和质量指标

3.1 出售的蜂蜜不得添加任何食物成分，包括食品添加剂以及蜂蜜以外的其他任何添加物；蜂蜜不得含有任何异物以及令人厌烦的香味气味；加工、贮藏时不得受其他外来物质污染；蜂蜜不允许已开始发酵或发泡。蜂蜜中的花粉或特有成分不得被去除，除非在去除其他外来无机或有机物质时不可避免的损失。

3.2 蜂蜜不得过度加热或加工致使其基本成分发生改变或质量受到破坏。

3.3 不得用化学或生化处理方法来改变蜂蜜的结晶。

3.4 水分含量

  普通蜂蜜   不超过 20%

  石南花蜂蜜   不超过 23%

3.5 糖含量

3.5.1 果糖和葡萄糖含量（总量）

  普通蜂蜜   不低于 60 克/100 克

  甘露蜜、甘露蜜与花蜜的混合蜜 不低于 45 克/100 克

3.5.2 蔗糖含量

  普通蜂蜜   不超过 5 克/100 克

  紫花苜蓿蜜、柑橘蜜、刺槐蜜、法国忍冬蜜

  红树胶蜜、沼泽草木蜜、灌木蜜和拔克西木蜜

             不超过 10 克/100 克

  衣草蜜和琉璃苣蜜   不超过 15 克/100 克

3.6 非水溶性固型物含量

  非压榨蜂蜜   不超过 0.1 克/100 克

  压榨蜂蜜   不超过 0.5 克/100 克

4 污染物

4.1 重金属

  蜂蜜不得含有对人体健康造成危害的重金属。本标准所涉及产品的重金属含量必须参照 CAC 有关重金属最大限量执行。

4.2 农药和兽药的残留 本标准所涉及的产品必须遵照 CAC 有关农药和兽药最大残留限量执行。

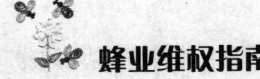

5 卫生

5.1 本标准所涉及的产品应按照 CAC 1969 年第一次颁布、1997 年第 3 次修订的《食品卫生基本原则》中有关国际操作规范以及其他相关的法典文件（如卫生操作规范）执行。

5.2 产品应符合《食品微生物标准的制定和应用原则》（CAC/GL 21 – 1997）中的微生物指标要求。

6 标签

除了应符合《预包装食品标签通用标准》（Codex Stan 1985 颁布，1999 第 2 次修订）中的规定外，还应符合以下条款。

6.1 食品名称

6.1.1 符合本标准第一部分中的定义的产品可称为"蜂蜜"。

6.1.2 符合 2.1.1 中所描述的产品可冠以"花蜜"。

6.1.3 符合 2.1.2 的产品可在产品名称冠以"甘露蜜"。

6.1.4 属 2.1.1 和 2.1.2 的混合产品，其名称加以甘露蜜和花蜜的说明。

6.1.5 如果蜂蜜来自唯一的地区，则可冠名该地理或地表区域的名称。

6.1.6 如蜂蜜完全或主要来源于某一种花或植物，则可标明其来源以及相应的感官、理化和微观特性。

6.1.7 完全或主要来源于某一种花或植物的蜂蜜，则可在产品名称前加上植物或花的名称。

6.1.8 如果标明了蜂蜜的产地，来源的植物或花的品种，那么同时声明该蜂蜜的生产国。

6.1.9 除非与 6.1.10 说明要求一致的可按 6.1.10 作附加说明；符合 6.1.11 形式的蜂蜜必须按此形式加以说明。

6.1.10 蜂蜜可根据从蜂巢中提取的方法指定蜂蜜类型或冠名。

提取蜜：采用离心分离的方法将蜂蜜从蜂巢中分离出来而形成的蜂蜜；

压榨蜜：采用压榨蜂巢的方法而取得的蜂蜜；

引流蜜：采用引流的方法将蜂蜜从蜂房中引流出来而取得的蜂蜜。

6.1.11 蜂蜜也可按照下列形式分类或冠名

蜂蜜：呈液态、结晶状，或两种状态蜂蜜混合。

巢蜜：贮存在新鲜的无卵蜂巢蜂房中的连同整个蜂巢或部分蜂巢一起销售的蜂蜜。

大块蜜：切块销售的巢蜜，即一大块巢蜜或几个小块拼在一起销售的巢蜜。

6.1.12 经过过滤而且滤去了大部分花粉的蜂蜜，指定为"过滤蜂蜜"。

6.2 非零售包装标签

6.2.1 除了产品的名称、批号、生产商的名称和地址应出现在包装上外，还应在产品包装或附加材料中提供有关预包装食品标签通用标准以及本标准6.1节中规定的内容。

7 取样和分析方法期确定产品成分和质量要素的取样和分析方法详述如下。

7.1 样品制备要求按照 AOAC920.180 制备样品

7.2 水分测定采用 AOAC969.38BMAFFV21 方法检测蜂蜜中的水分含量。

7.3 糖含量测定

7.3.1 果糖和葡萄糖采用高压液相色谱法测定蜂蜜中的总糖含量（欧洲蜂蜜委员会的统一方法）。

7.3.2 蔗糖含量

采用高压液相色谱法（HPLC）测定蔗糖（欧洲蜂蜜委员会的统一方法）。

7.4 非水溶性固体含量测定采用 MAFF V22 法检测蜂蜜的非水溶性固体含量。

7.5 电导率测定采用欧洲蜂蜜委员会的统一方法测定蜂蜜电导率。

7.6 蜂蜜掺糖的测定采用 AOAC977.20 测定有关糖的外形结构，采用 AOAC991.41 检测内在指标即分析稳定的碳同位素比率。

附 件

该标准还制定了非官方的贸易伙伴自愿执行的质量指标和分析方法，条款如下。

1 附加成分及质量要素

1.1 游离酸度。蜂蜜的游离酸度不得超过 50 毫克当量/1 000 克。

1.2 淀粉酶活性。蜂蜜的淀粉酶活性取决于其加工或混合过程，总含量不应少于 8 个单位，即使是天然酶值含量低的蜂蜜，也不应低于 3 个单位。

1.3 羟甲基糠醛（HMF）加工或混合后的蜂蜜中 HMF 不得超过 40 毫克/千克；对于那些声明来自热带国家或地区的蜂蜜以及混合了这些国家或地区蜂蜜的产品，其 HMF 不得超过 80 毫克/千克。

1.4 电导率

蜂蜜（下列 b、c 或混合 b、c 的蜂蜜以外） 不超过 0.8 毫西门子/

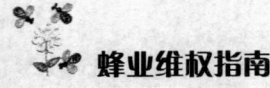

厘米

  甘露蜜和栗子蜜以及（c）以外的混合蜜   不低于0.8毫西门子/厘米

  例外：石南、桉树、酸橙、麦卢卡树、胶藤和茶树。

2 取样和分析方法 确定产品额外成分和质量要素的取样和分析方法详述如下。

2.1 样品制备 本标准的样品制备已在7.1中详述。测定淀粉酶活性（2.2.2）和羟甲基糠醛（2.2.3）的样品制备不可加热。

2.2 分析方法

2.2.1 酸度测定

  采用MAFF V19方法测定蜂蜜的酸度。

2.2.2 淀粉酶活性的测定

  采用AOAC 958.09或者采用欧洲蜂蜜委员会的统一方法（CODEX STAN 12-1981第7条款中的测定蜂蜜中的淀粉酶活性）。

2.2.3 羟甲基糠醛含量的测定

  采用AOAC 980.23，或用高压液相色谱法检测。

第二部分（略）

第二节 欧盟关于蜂蜜的理事会指令 2001/110/EC

(2001年12月20日)

欧盟理事会:

根据建立欧共体的条约,特别是其中第37条,

根据欧盟委员会的提案,

根据欧洲议会的意见,

根据经济和社会委员会的意见,

鉴于:

(1) 某些与食品相关的纵向管理指令应予简化,只考虑其管辖的产品符合基本要求,从而使这些产品能够在内部市场自由流通。这种自由流通是欧盟理事会于1992年12月1日和12日在爱丁堡的会议上做出的决定,在1993年12月10日和11日布鲁塞尔欧盟理事会会议得到确认。

(2) 1979年7月24日关于统一各成员国与蜂蜜有关的法律的理事会指令79/693/EEC被证明是合理的,因为各国关于蜂蜜的定义、类型和特征的法律不同会导致不正当竞争,误导消费者,从而对建立和运行共同市场产生直接影响。

(3) 因此,74/409/EEC指令和随后的修正案确定了可以用适当的名称投放市场的蜂蜜的定义并对蜂蜜进行了分类,规定了关于成分的通用规则,并确定了需要标注的主要内容,以保证这些产品在共同体内的自由流通。

(4) 为了更清楚,应重新制定74/409/EEC指令,保证蜂蜜的生产和销售的规则更易理解,且使该指令符合共同体关于食品的一般法规,特别是关于标签、污染物及分析方法的法规。

(5) 欧盟委员会和欧洲议会的2000/13/EC指令中规定的食品标签一般规则在一定条件下适用。由于蜂蜜质量和原产地的关系密切,所以,关于这一问题的完整信息不可或缺,使消费者不会在产品质量方面被误导。消费者与蜂蜜地理特征有关的特殊兴趣及在这个问题上实现完全透明,都要求在标签中包括蜂蜜收获的原产国的内容。

(6) 蜂蜜中的花粉或其他单个成分不得被去除,除非在去除外来有机物和无机物时,去除上述成分是不可避免的。该过程可以通过过滤来完成。

如果这种过滤导致大量的花粉被去除，必须通过标签上的适当标示将这种影响告知消费者。

（7）蜂蜜的名称包括花卉、蔬菜、地区或地形来源，或特殊的质量指标，不得将过滤蜂蜜这一名称加进去。为了提高市场的透明度，散装货的每笔交易加贴过滤蜂蜜标签和烘烤蜂蜜标签必须是强制性的。

（8）正如欧盟委员会在1994年6月24日致欧洲议会和欧盟理事会关于欧洲养蜂业的信中所强调的，委员会可以采纳分析方法，以保证共同体内销售的所有蜂蜜符合组成特征及额外特定声明的规定。

（9）希望考虑制定蜂蜜新法典标准所取得的成果，以及为满足共同体的特定要求对该标准做出的适当修改。

（10）按照《条约》第5条关于补充性和均衡性的原则，规定相关产品的一般定义和规则并使其符合共同体关于食品的一般法律，这一目标无法由各成员国充分实现，而根据本指令的性质，最好由共同体来实现。本指令并未超越为达到上述目标所必要的限度。

（11）实施本指令所必要的措施应按1999年6月28日的理事会决定1999/468/EC关于使用委员会授予的权力的程序的规定予以通过。

（12）为防止对自由流通产生新障碍，对有异议的产品，各成员国应避免本指令未作要求的规定。

兹已批准如下指令。

第一条

本指令适用于附录Ⅰ中所定义的产品。这些产品应满足附录Ⅱ的要求。

第二条

在下列条件下，2000/13/EC指令适用于附录Ⅰ中所定义的产品。

1. "蜂蜜"一词应只用于附录Ⅰ第1点中所定义的产品，并应在贸易中用来表示这类产品。

2. 附录Ⅰ第2、第3点中提到的产品名称应只用于其所定义的产品，并应在贸易中用来表示这类产品。这些名称可以将用简单的名称"蜂蜜"所代替，过滤蜂蜜、巢蜜、块蜜或切割巢蜜和烘烤蜂蜜除外。

a. 对于烘烤蜂蜜，应在标签上紧挨着产品名称的地方标明"仅用于烹饪"。

b. 除过滤蜂蜜和烘烤蜂蜜之外，可以添加下列信息作为产品名称的补充：

来源于花卉或蔬菜，如果产品全部或主要来自上述资源，并且拥有这些来源的感官、物理化学和微观特征。

地区或地形来源，如果产品完全来自这些来源。

特殊的质量指标。

3. 当烘烤蜂蜜已经在混合食品中充当一种成分时，混合食品的产品名称中可以使用"蜂蜜"一词代替"烘烤蜂蜜"。然而，在配料表中应使用附录Ⅰ第3点中提到的术语。

4. 应在标签上标注蜂蜜的原产国即收获蜂蜜的地方。

然而，如果蜂蜜来自多个成员国或第三国，可酌情使用下列方式之一来表示：

"欧盟混合蜂蜜"。

"非欧盟混合蜂蜜"。

"欧盟和非欧盟混合蜂蜜"。

为2000/13/EC指令，特别是第十三、第十四、第十六和第十七条之目的，按第④小节进行标示的细节应视为符合那条指令第3条。

第三条

对于过滤蜂蜜和烘烤蜂蜜，在大容器、包装和贸易文件上应清楚地标示附录Ⅰ第2点和第3点提到的产品全名。

第四条

委员会可以采纳验证蜂蜜是否符合本指令的方法。这些方法应按照第七（2）条规定的程序予以采纳。在采纳这样的方法之前，成员国应尽可能使用国际认可的有效方法，例如，由食品法典委员会批准的方法，验证是否符合本指令的规定。

第五条

对于附录Ⅰ中所定义的产品，成员国不得制定本指令未作要求的规定。

第六条

与下列问题有关的实施本指令所必要的措施应按第七（2）条所述的立法程序予以通过。

——使本指令符合共同体关于食品的一般法规；

——适应技术进步。

第七条

1. 按照69/414/EEC决定的第一条所建立的食品常设委员会（以下简称"委员会"）应协助欧盟委员会。

2. 当提到本段时，1999/468/EC决定第五条和第七条适用。

1999/468/EC 决定第五（6）条规定的期限为 3 个月。

3. 委员会应通过其程序规则。

第八条

自 2003 年 8 月 1 日起 74/409/EEC 指令废止。

对废止指令的引用转化为对本指令的引用。

第九条

各成员国应在 2003 年 8 月 1 日前实施符合本指令所必要的法律、法规和管理规定，且应将此信息告欧盟委员会。

应采取措施如下。

①从 2003 年 8 月 1 日起，授权销售附录 I 中定义的产品，只要产品符合本指令的定义和规则；

②从 2004 年 8 月 1 日起，禁止销售不符合本指令的产品。

然而，不符合本指令规定的产品，如果在 2004 年 8 月 1 日前已按 79/693/指令的规定加贴了标签，则允许销售，直至该批货物售完。

各成员国通过这些条款时，应说明这些规定来源于本指令，或在正式公布时附上这样的说明。各成员国自行决定说明的方式。

第十条

本指令在其刊登在《欧共体官方公报》上后第 20 天生效。

第十一条

本指令发送各成员国。

2001 年 12 月 20 日于布鲁塞尔制定。

理事会主席

C. PICQUE

附录 I　蜂蜜名称、产品描述和定义

1. 蜂蜜（Honey）

蜂蜜是意大利蜂采集植物的花蜜或活体植物的分泌物或吸吮活体植物的昆虫的排泄物，并与自身分泌的特殊物质结合，进行转化、沉积、脱水并贮存在蜂巢中至成熟的天然甜物质。

2. 蜂蜜的主要种类

（1）根据来源分

①花蜜（blossom honey or nectar honey）：来自于植物花蜜的蜂蜜；

②甘露蜜（honeydew honey）：主要来源于活体植物的分泌物或吸吮活

体植物的昆虫的排泄物的蜂蜜；

(2) 根据生产方式和/或外观分

①巢蜜（comb honey）：蜜蜂将采来的蜂蜜储存在新筑造的无卵蜂巢巢房中，或是由蜂蜡制成的薄片巢础中，以密封的整个蜂巢或部分蜂巢一起销售的蜂蜜；

②块蜜或切割巢蜜：含有一块或多块巢蜜的蜂蜜；

③引流蜜（drained honey）：采用引流的方法将蜂蜜从蜂巢中引流出来的蜂蜜；

④离心蜜（extracted honey）：采用离心分离的方法将蜂蜜从蜂巢中分离出来的蜂蜜；

⑤压榨蜂蜜（pressed honey）：通过不超过45℃的适度加热或不加热的情况下压缩蜂巢（无卵）而获取的蜂蜜；

⑥过滤蜂蜜（filtered honey）：由于用过滤方法去除外来的有机物或无机物时导致大部分花粉丧失（被滤除）的蜂蜜。

3. 烘烤蜂蜜（Baker's honey）

(1) 这类蜂蜜适合于工业使用或作为其他食品的成分。

(2) 这类蜂蜜可以：有外来的味道或气味，或开始发酵或已经发酵，或已被过度加热。

附录Ⅱ　蜂蜜成分标准

蜂蜜的基本组成主要是以葡萄糖和果糖为主的各种糖类，以及其他物质如有机酸、酶类和蜜蜂采集蜂蜜时带回的一些固体颗粒物质。蜂蜜的颜色从近乎无色至深棕色，不尽相同；其性状可以是液体的、黏滞的、部分结晶或完全结晶的；气味则因不同蜜源植物而具不同的植物花香。

投放市场销售的蜂蜜或在人类消费的产品中使用的蜂蜜，不得在蜂蜜中添加任何食品成分，包括食品添加剂，也不得添加蜂蜜以外的任何物质。在蜂蜜中不得含有外来的有机或无机物质。除上述附录Ⅰ中的第3点之外，蜂蜜不得拥有任何外来的味道或气味，不得发酵，不得人为地改变它的酸度，也不得加热否则会破坏或严重丧失天然酶的活性。

除了上述附录Ⅰ中第2点中（2）的⑥外，任何蜂蜜不得去除花粉或蜂蜜的特有成分，除非为了去除外来有机和无机物质时，不可避免造成了损失。

投放市场或供人消费的蜂蜜必须符合下列成分标准：

1 糖含量

1.1 果糖和葡萄糖含量（总量）

花蜜：不少于 60 克/100 克

甘露蜜、甘露蜜与花蜜的混合蜜：不少于 45 克/100 克。

1.2 蔗糖

一般规定不多于 5 克/100 克。

人工阿拉伯树胶、紫花百苍、山龙眼；法国金银花、赤核树、瑞香料小树和柑梅蜜：不多于 10 克/100 克。

熏衣草、琉璃苣蜜：不多于 15 克/100 克。

2 含水量

一般规定不多于 20%。

石南花蜂蜜（一般作为烘烤蜂蜜）：不多于 23%。

石南花以外的烘烤蜂蜜：不多于 25%。

3 非水溶性物质含量

一般规定不多于 0.1 克/100 克。

压榨蜂蜜不多于 0.5 克/100 克。

4 电导率

以下未列出的蜂蜜及其混合蜜：不超过 0.8 毫西门子/厘米。

甘露蜜和栗子蜜及与以下末列出的蜂蜜的混合蜜：不超过 0.8 毫西门子/厘米

例外：草莓、石南花、桉树、酸橙、石南、麦卢卡树或胶藤、茶树蜂蜜。

5 游离酸

一般规定不超过 50 毫克当量/1 000 克。

烘烤蜂蜜不超过 80 毫克当量/1 000 克。

6 加工或混合后的蜂蜜中的淀粉酶活性和羟甲基糠醛含量（HMF）

（1）淀粉酶活性

一般规定，烘烤蜂蜜除外不少于 8。

天然酶含量低（如柑橘蜜）和 HMF 含量不超过 15 毫克/千克的蜂蜜不少于 3。

（2）HMF

一般规定，烘烤蜂蜜除外不多于 40 毫克/千克。

来自热带国家或地区的蜂蜜及其混合蜜不少于 80 毫克/千克。

第四章

养蜂涉法维权实例

第一节 蜜蜂中毒、受损维权实例

一、呼吁有关部门关注蜜蜂农药中毒问题

李易谷

浙江省宁波市鄞州区宝幢镇谢蜂友养蜂 40 年，近 8 年在家定地养蜂，边养蜂边自销蜂产品，取得较好的经济效益。2008 年 12 月 8 日，气温高达 20℃，他发现自家蜜蜂有农药中毒现象，并很快发现周围几十平方千米的 22 户养蜂场的 1 600 箱蜜蜂，都不同程度地受到农药毒害。

受害蜂农未发现农药喷施在何处，更不知中的是何种毒。接到受害蜂农的来信，浙江省蜂管站领导和有关专家先后深入现场进行实地调查。因缺少专业精密检测仪器，无法对中毒蜜蜂进行检测，以确定造成蜜蜂中毒死亡农药的种类。

此时有人想起 2006 年 8 月初本区下应镇史蜂友蜂场发生农药中毒事件。那天史蜂友在蜂场取浆移虫时，见有人在绿化带打农药，并看见蜜蜂飞向喷洒过农药的树林，落在树枝上。于是他走过去仔细观察蜜蜂的奇怪行为，同时他在树林中拾到打完药丢弃的乐百事农药空瓶。

不久，他发现蜂场有蜜蜂中毒现象发生。随着时间推移，农药中毒情况越来越严重，死亡的蜜蜂越来越多，最后全场蜂群覆灭。就蜜蜂农药中毒现象，史蜂友请律师将园林部门告上法庭，经协商，违规使用农药的被告赔偿史蜂友蜂群损失。根据此次中毒现象看，谢蜂友推测造成 22 户蜂农蜂群中毒的农药应该就是乐百事农药。

受害蜂友分析，此农药一定是含有诱惑昆虫的芳香物质，因为该农药喷洒后就会吸引蜜蜂前往草木树叶上采集，结果，返巢蜂采回的物质使蜂群慢性中毒。

据蜜蜂中毒的蜂友说，乐百事农药造成蜜蜂慢性中毒的残留药物不易清除，其药性会持久危害蜂群。由于谢蜂友对乐百事药害缺乏了解，从中毒蜂群取出巢脾，经几次清水清洗后，加入春繁蜂群内，以至蜂王产卵慢，幼虫不孵化并最终导致蜜蜂中毒死亡。因此蒙受不小损失。

只有用清水不断冲洗和浸泡，让巢房内茧衣脱落，才能清除乐百事残留药物。同时，乐百事农药中毒蜂群内摇出的蜂蜜即使稀释喂蜂仍会造成蜜蜂慢性中毒。

此外，谢蜂友观察到，乐百事农药造成蜜蜂中毒后，每当提取巢脾查看时，中毒蜂会跌落下来，有的中毒蜂后腿僵直，飞出箱外打几个转便落下，同一般农药中毒后卷缩情形不同。

值得广大蜂业界人士关注的是，如乐百事农药含有诱惑昆虫物质的话，那么，对我国养蜂业将是个致命的打击。因此，呼吁有关政府部门尽快禁止生产此类危害蜜蜂生存的农药，以此贯彻国家生态文明的精神，实现农业可持续发展目标。

《中华人民共和国农药管理条例》第五章就农药使用作如下规定。

县级以上各级人民政府农业行政主管部门应当根据"预防为主，综合防治"的植保方针，组织推广安全、高效农药，开展培训活动，提高农民施药技术水平，并做好病虫害预测预报工作。

县级以上地方各级人民政府农业行政主管部门应当加强对安全、合理使用农药的指导，根据本地区农业病、虫、草、鼠害发生情况，制定农药轮换使用规划，有计划地轮换使用农药，减缓病、虫、草、鼠的抗药性，提高防治效果。

使用农药应当遵守农药防毒规程，正确配药、施药，做好废弃物处理和安全防护工作，防止农药污染环境和农药中毒事故。

使用农药应当遵守国家有关农药安全、合理使用的规定，按照规定的用药量、用药次数、用药方法和安全间隔期施药，防止污染农副产品。

剧毒、高毒农药不得用于防治卫生害虫，不得用于蔬菜、瓜果、茶叶和中草药材。

使用农药应当注意保护环境、有益生物和珍稀物种。

严禁用农药毒鱼、虾、鸟、兽等。

林业、粮食、卫生行政部门应当加强对林业、储粮、卫生用农药的安全、合理使用的指导。

二、蜜蜂中毒索赔案焦点问题探析

宋心仿　高敦

养蜂生产实践中，养蜂人最为担心和忧虑的就是遭遇农药中毒，尤其是蜜源作物开花期，如果有人施药治虫，便会造成蜜蜂不同程度的中毒，轻者部分外勤蜂死亡，给蜂场下一阶段生产造成被动，重者整群或全场蜜蜂覆灭，经济损失惨重。面对惨状如何依法索赔讨回损失呢？现作如下简要介绍。

（一）事先做好预防工作

蜜蜂农药中毒的发生，从总体上看养蜂人是处于被动的地位，但从一定意义上讲，也有其相应的主动性，加强预防工作不仅可以减少中毒概率，还可以在以后的依法索赔中做到有理有据更具主动性，有利得到妥善处理。预防工作主要包括以下几方面，一是外出放蜂必须事先到放蜂场所在地主管（畜牧）部门办理放蜂手续，做到身份合法手续齐全，要知道，手续齐全方使身份合法，便有利得到司法保护和支持，否则，即处于被动地位，纵然遇到伤害也难以依法维护自身利益；二是要与放蜂所在村的村干部和蜜源作物主取得联系，广泛宣传《养蜂管理规定》等相关法规，起码使之知道附近有蜜蜂，并使之知晓随意打药是违法行为；三是注重对蜜粉源开花泌蜜及虫害情况进行观察了解，动员户主花前搞好预防，花期尽量不要施药，必须施药时，一定提前3天告知蜂场；四是提前联系好备用场地，以便不得已需要迁场时不致很被动；五是备好消毒药物等急救物资，一旦发现蜜蜂中毒现象，可马上采取抢救措施，以防造成更大损失。

（二）现场处理及证据收集

一旦发生农药中毒损失惨重，准备打官司索赔时，请一定注意保护现场，一是要落实知情者作为证人，并请有影响的知情者或公证员、律师等法律界人士对现场拍照封存蜂尸等样品；二是尽快弄清危害根源，也就是找出施药人，调查范围是以蜂场为中心，四周2.5平方千米（蜜蜂活动半径）内的所有嫌疑人及嫌疑田块，如果嫌疑人承认事实，可让其出具书面材料，如不承认，就得找一些知情者作证，并主动通过公证员收集施药花朵以备化验，如果嫌疑人数较多时，还得请蜂学专家根据施药田块面积、花期、距离等，确定责任的主次及大小；三是请畜牧鉴定部门组织专家对损失情况及损失额进行评估鉴定，损失额主要是指直接损失，也就是死了多少蜂，折合多少钱，而间接损失，指在一定时间内（一般是事故发生至诉讼结案前），由于中毒造成的减产的损失额。需要进一步说明的是，证据的收集必须真实合法，且力求做到细致全面，因为缺乏真实合法性的证据只会给诉讼带来被动和麻烦，只有真实又经合法手续获取到能证明事实真相的证据，方可得到法院的支持。同时还应清楚，有些证据或鉴定材料，自己单方收取是无效的，最好请公证员或权威部门、人士参与，委托鉴定最好由法院出面，这样会更具权威性，更有利公正合理的得到赔偿处理。要注重发现和发挥证人的作用，应设法使更多的知情者为自己说话，使之出具证言或出庭作证，得到他们的支持是打赢官司的重要条件之一。

（三）依法调解、诉讼及相关事项

发生中毒事件后，在积极做准备依法诉讼的同时，也可单独或通过村干部与施药者进行调解协商，动之以情，晓之以理，说服对方并使之认识到所犯过错，如对方通情达理，同意调解并答应适当赔偿时，也就罢了。以吾之见，能做通工作时，尽量不要通过打官司来解决问题，说实在的，打官司确实不是件轻松事。当然，对方如果执迷不悟，拒不承担责任时，在做好准备的情况下，就需提起诉讼，依法讨回公道，索回损失。蜜蜂农药中毒官司的诉讼必须在案发地进行，也就是中毒案发生在什么地方，就到该地的县人民法院提起诉讼，诉讼状内容除按要求表明原、被告的基本情况外，还应重点说明案由、案件过程，被告责任及索赔具体数额等正当主张，起诉的被告可根据事先调查所掌握的情况确定为一名或数名，并有充分证据证实他们各自所应承担的责任。证据及证言可附在诉状后，力求全面详实，足以能说明问题实质方可。关键证据在上诉时可先交复印件，在庭审时再交原件。根据庭审经验，弄清对方的辩解内容后，个别有针对性的证据甚至在上诉时不予上交，在庭审关键时刻当庭交付，可起到轰炸性效果。

（四）所适用法律法规

根据参与多起蜜蜂农药中毒诉讼案庭审实践经验，所适用该类案件的法律法规除通用的《中华人民共和国民事诉讼法》《中华人民共和国民法通则》等诸条款外，尤为有特殊适用价值的还有《中华人民共和国农药管理条例》和《中华人民共和国养蜂管理规定》等。《中华人民共和国农药管理

第四章 养蜂涉法维权实例

条例》不仅明确确定了"预防为主，综合防治"的植保方针，还对农药的生产、销售、使用等作出了具体的规定。例如，第二十五条："使用农药应当遵守农药防毒规程，正确配药、施药，做好废弃物处理和安全防护工作，防止农药污染环境和农药中毒事故发生"。第二十六条："使用农药应当遵守国家有关农药安全、合理使用的规定，按照规定的用药量、用药次数、用药方法和安全间隔期施药，防止污染农副产品。剧毒、高毒农药不得用于防治卫生害虫，不得用于蔬菜、瓜果、茶叶和中草药材"。第二十七条："使用农药应当注意保护环境、有益生物和珍稀物种"。综上所述，可以看出，国家是不允许随意乱用农药的，必须做到安全、合理、正确用药，并不得造成污染，还须注意保护环境及有益生物。而蜜蜂就属于有益生物，这就表明，蜜蜂遭受中毒本身就是一种过错行为，养蜂人在追究施药者过错的同时，还可追查其是否正确用药等问题。《养蜂管理规定》对养蜂人的权利、义务进行了较为全面的界定，并对外出放蜂的手续、场地安排、蜂产品生产、运输等做出了较为详细的规定，其第六条对蜜蜂农药中毒事件亦给予具体规定："农、林、牧、果、菜种植单位和个人，应尽可能避免因蜜源花期喷施农药，必须施药时，至少应在3天前通知施药邻近的蜂场，及时采取措施。对违反上述规定造成蜂群严重损失的，养蜂生产主管部门应会同有关部门，追查责任，进行处理"。该条对审理蜜蜂农药中毒案是十分有利的，首先要求其在花期尽可能不要施药，并规定其必须施药时，至少应提前3天通知蜂场，而在现实生活中，施药人员极少主动通知养蜂人，而没有提前通知这一事实，也就注定了其违返规定，就应承担由此造成的相关责任和损失。

三、受损蜂群价值评估应注意的几个问题

王俊辉

2004年11月11日，湖南省津市市19家蜂农因澧县湖洲管理所用飞机对管辖地芦苇喷洒农药致蜜蜂死亡的索赔案终于以蜂农胜诉而告结束，19家蜂农1 000多群（3 935框）蜂获得8万多元的赔偿。听到这一消息，关心此案的人们心情得以平静。

蜂农获得此案的胜诉，有经验教训值得总结。为了今后更好地利用法律武器，切实保护蜂农合法权益，谈几点个人看法，供大家参考。

（一）合理评估蜂损价值

合理评估蜂损价值是切实保护蜂农合法利益的关键，也是及时解决蜂损

索赔案的关键，认真了解湖南省津市市蜂损索赔案后发现，在此案的一审、二审、三审、终审中，法庭对蜂损价值曾认定了几次不同的数额，即3 934.5框蜂受损害的价值被认定为49 416.5元、210 000万元、157 211.1元3种意见。最后，法院认定蜂群的损失价值是163 181.11元。同时还发现，几次不同的认定意见蜂农都表示了接受的态度。为什么蜂农是这样的态度呢？为什么一审中认定为49 416.5元的数额蜂农开始也能接受，而被告不能接受呢？据刘绍刚介绍，此案初审时，受损蜂农本抱着"适度赔偿"的态度，希望能促使案子早日解决。没想到被告对此并不理解，反而坚持拒不赔偿的态度，蜂农不得不放弃起初的态度而坚持全面评估蜂损价值的赔偿要求。由此可见，蜂损索赔案，只有在科学合理地评估其损失价值基础上，才能得到解决，并非索赔要求提得低才能解决问题，更不是漫天要价，提出很高的要求才能得到应有的赔偿。

同理，如果蜂群损失的价值评估过低，养蜂人的合法权利得不到应有的保护，如果评估价格过高，同样会侵犯事故责任人的合法权利，不利于问题的解决。合理合法，对受损蜂群的价值作出合理的评估意见是调解蜂损索赔案的坚实基础，也是说服责任人承担应有的赔偿责任的有力依据。

合理价值评估蜂群损失的依据是什么呢？笔者认为，李易谷同志提出按中华人民共和国最高人民法院、最高检察院关于牲畜生产资料的损失赔偿"按市场中等价格评估"的原则，同时，注意蜂群价格的相关因素的意见值得参考。因为蜂群价值和其他商品一样，不是一成不变的，都会受市场价格变化以及其他因素的影响而变化。

1. 季节变化的影响

养蜂场所处地区全年连续生产期越长，蜂群价格越高，也就是说，早春二三月，蜂群的价格最贵。随着生产期（日）减少，蜂群的价格逐月下降10%左右，深秋初冬，蜜源渐少，蜜蜂群势渐衰，需要喂饲料糖越冬，蜂群无收入，越冬风险大，蜂群价格便下跌。但是，在北方越冬的蜂群运到云南繁殖后，身价又上涨。上年11月或12月，每群2框足蜂，经3个月繁殖，因投资饲料、巢脾、用工费等，到翌年1月份，每群蜂可达4~6框，蜂群价格自然上扬。

2. 受蜂场收入高低和蜂产品市场价格涨落等因素的影响

凡养蜂丰收年份投资养蜂和扩大蜂场的经营者增多，故蜂群价格会上升，反之，蜂产品歉收年蜂群价格会下跌。蜂产品市场价格高，投资养蜂或扩大蜂场的人较多，蜂群价格也较高，如果蜂产品价格下跌，弃蜂改行的人

第四章 养蜂涉法维权实例

多，蜂群价格也会略有下降。

3. 南北方养蜂生产期差异的影响

有时南方蜂群价格比北方高，如果12月份在云南、四川等地购蜂，每框越冬蜂价可达80~90元。北方夏季椴树流蜜期，蜂群价格定比其他时间高。

4. 受出售蜂群者的饲养方式不同的影响

因蜜源间断等原因，在一定的时间里，定地养蜂人愿意以较低的价格出售蜂群；对转地放蜂者来说，若蜂价太低便不愿出售蜂群，因他们还可追赶下一个蜜源，取得收入。

5. 买卖蜂群的多少对价格的影响

如果买蜂者只挑选几群蜂，比买整个蜂场的价格要高得多。如果有人投资办蜂场，对出售蜂群方来说，整体收入高，蜂群好坏搭配，所以，单群蜂价格便低一些。在整场蜂群出售时，一般来说，只有少数地区卖蜂将蜂王另行计价，而大多数地区的蜂群交易都包括蜂王、巢脾以及巢框、蜂箱等。

总之，不同年份，不同季节，不同地区，不同群势的蜂群价格有所不同。在解决蜂群损失的索赔问题时，相关人员应该认真调查影响蜂群价值的各种因素，实事求是地分析，及时对受损蜂群价值做出合理的评估以及判决意见，以利于合理地调解蜂群损失索赔案，保护当事人的合法权益。

（二）及时解决蜂损索赔案对保护蜂农合法权益十分重要

切实保护蜂农合法权益，及时解决各种蜂损索赔案也是十分重要的。时间就是生命，时间就是金钱。对蜂农这一弱势群体，相关工作人员更应为他们着想。我们看见津市市的受损蜂群索赔案庭审中，19家蜂农面对法庭对受损蜂群作出的几种不同认定价值，每次都表示了接受的态度。这不仅表示出他们坚信"杀人偿命，损害财物照价赔偿"是天经地义的事情，相信法律的公正，同时还表现出这一弱势群体对法律的信任和依赖，并向执法执政人员以及蜂业界的专家提出了切实保护他们合法权益的强烈要求和及时判决案子的殷切希望。此案一拖再拖，长达2年多。这种"马拉松"式的案审对蜂农来说，无疑又是一种伤害。

据刘绍刚介绍，此案有好几家受损失的蜂农在蜂群受到损害后，短时间内根本就没有恢复生产的经济能力，在等待案子判决结果到来的这些日子里，一些蜂农生活困难是可以想象的，对有的蜂农来说，所造成的精神损失甚至比经济损失还大。所以，两年后盼来的判决书对有的蜂农来说，实际上已来得太晚了。对类似津市市蜂损索赔这类事实清楚，责任明确的民事纠纷案，笔者建议按最高人民法院"采用简易程序"的司法解释的方法来解决。

当今以快节奏方式生活的人们，许多问题已逐渐习惯用快捷的方式来解决。比如我们看见，经常发生的交通事故，现在交通警察处理的方法是只要没伤人，一般都用最简单的方式去解决，这样做确实为保证事故不断的公路能畅通无阻，提高社会设施的使用效益收到了很好的效果。反之，如果用过去那种按部就班的方法去解决交通事故问题，出了事故，人人都在公路上认死理，或件件事都去交通大队评理，那么，天天堵成车龙就在所难免。所以，为了有利于在各种事故中受损失的蜂农尽快恢复养蜂生产，降低事故带给养蜂人的损失，应该把及时解决蜂群受损案早日兑现赔偿作为解决蜂损案的一个前提原则。只要受损蜂群价值评估合理，甚至略低于市场价格，蜂农是能够接受的，也有对保护责任人合法权益有利。

2005年4月，最高人民法院发出《关于增强司法能力提高司法水平的若干意见》，提出了以"公正与效率"为主题等5点增强司法能力、提高司法水平的要求和措施。这些文件将对解决蜂损索赔案，切实保护蜂农合法权益起到有力支持和帮助。

因工作关系，我曾接到过多起蜂群受损事件的蜂农来信，反映最强烈的有两个问题，一是告状无门，一是久判不决。

重庆某县有位蜂农来信反映，他的运蜂车被县动检部门设卡拦截检查，因滞留时间太长而闷死蜜蜂几十箱，他请求上级行政主管部门出面解决，主管部门答复他找不到相关法律文件。

事实上，出现这种现象的地方，其公务人员找不到法律文件是假，没有为大众服务的思想和工作作风是真！

蜂农来信反映，发生蜂群受损事件，如果损失小，一般都不愿走进法庭，只有遭受较大的损失不得已时才诉诸法律。不少遇到大数额蜂损事故的蜂农，他们多数都没指望打赢官司能拿回多大一笔经济赔偿金，他们争取的一方面是一个理，同时希望的是能获得一点能让他们及时恢复生产的经济补偿而已。有的蜂农反映，发生事故造成的直接损失本身很大，使他们的生活出现很大困难，这些还能忍受，最不能忍受的是抓不到作案者，以及即使造成事故的责任人很明确，打官司有可能久拖不决。个别执法行政机关，主要的是事故责任人，常常没有换位思考的态度，相反总是有人抓住蜂农资本小经不起"拖"的情况，人生地疏的弱点，迫使蜂农自动放弃权力。然而，蜂农没有生产自救资金，"死缠不放"，致使矛盾激化难以解决，如津市市蜂损案初始就有这一过程。

时间就是金钱,公平就是效率。保护蜂农合法权益,在没有明确责任人时我们暂且不说,如果有明确的责任人且事实清楚的案子,无论车祸、农药致害,以及其他蜂损事故,相关部门的同志应该急为蜂农所急,想为蜂农所想,积极采取措施,说服事故责任人,及时解决矛盾,公正判决案子。

如果能及时解决问题,蜂农大多数都能礼让。相信大多数蜂农会同意我的观点,而且各地调解的蜂损案可以证明,在此就不再赘述。

四、大丰市重视蜜蜂农药中毒案的调解工作

李易谷

黄海之滨的大丰市是江苏养蜂大县,虽然在近20年江苏养蜂业已逐渐萎缩,但是大丰市仍有300余户蜂农饲养2万多群蜜蜂。

每年4月,大丰市油菜开花期吸引了十几省蜂农来此放蜂采蜜。秋季杂花、稻花粉等蜜粉源是生产王浆和秋繁蜂群的有利条件。

可是,近几年有些国营大型农场喷打农药不按国家有关规定,事先不通知周边蜂农,致使一些蜂场蜜蜂农药中毒事件时有发生。

令人难忘的是1999年8月中旬,省属大中型农场给正在扬花的水稻喷洒农药后,造成毗邻的草庙乡新东村蜂农几百群蜂农药中毒,损失最大的蜂农彭平将违规施用农药的大中农场告上法庭,只因证据不足,花7 000多元诉讼费未得到分文赔偿。唯一结果是从此往后,大中农场喷打农药前3天都按国家规定通知周边蜂农采取预防措施,避免蜜蜂农药中毒事故的发生。

自2004年以后,大中农场喷洒农药前中断通知周边蜂农的行动,所幸未发生蜜蜂农药中毒事故。2005年8月28日大中农场开始使用大型机械给开始扬花的水稻喷洒锐劲特剧毒农药,连续几天造成周边草庙乡、南洋镇21户蜂场相继发生蜜蜂农药中毒事故。受害蜂场损失15%蜂群,一般受损50%~70%,而离施药稻田几百米的新东村蜂农彭平饲养230箱蜂,8月29日全场蜜蜂中毒死亡。此惨案发生后,受害蜂农向公安机关报案,接到报案刑警到现场查看成堆成片中毒死亡的蜜蜂。同时,受害蜂农到大丰市市政府集体上访,引起市政府领导重视,并指示有关部门进行调查。接着受害蜂农给本人打求助电话,本人及时赶往事发现场,对18户受损蜂场进行蜂群损失评估,并拟写材料向有关部门反映情况。经多方努力,9月5日在大丰市政府有关领导督促下,20户蜂农同大中农场负责人协商达成调解协议,由大中农场一次性赔偿蜂农蜂群中毒损失10万元。

虽然10万元现金对蜂农的实际损失来说有些少,但拿到赔偿款蜂农都

及时购买蜂群,维持了蜂场正常生产。

大丰市政府的调解工作,让广大蜂农感受到"权为民所用,利为民所谋,情为民所系"的构建和谐社会的宗旨!

五、养蜂者应注意回避意外风险

李 旭

近日,笔者从报端见到一则报道,主要内容是某养蜂户发现自家所养蜜蜂数量日益减少,一段时间后,损失惨重。后经四处查访,发现是当地一家经营蜂蜜的企业在厂区的蜜库内燃茅草熏杀飞进屋内的蜜蜂,蜂蜜引得蜂群误入蜜库所致。对此,笔者有以下几点看法与广大读者探讨。

用茅草或其他药物熏杀蜜蜂,因其目的和实施的地点、场所不同,其行为的性质和法律后果存在很大差别,所负的法律责任也不同。一种情况是,如果行为人熏杀蜜蜂的目的是出于泄私愤、报复,故意在蜂箱附近或蜂群的必经路线上使用设诱饵熏杀蜜蜂等手段,并且造成较大经济损失,则可依据《刑法》第二百七十六条"由于泄愤报复或者其他个人目的,毁坏机器设备、残害耕畜或者以其他方法破坏生产经营的,处三年以下有期徒刑、拘役或者管制。如果造成的损失不严重,则可依据《治安管理处罚条例》对行为人进行行政处罚。针对这种情况,受害人应及时向公安机关报案。并且在行为人受到刑事追究和行政处罚之后,受损失的养蜂户还可以要求民事赔偿。

另一种情况是,熏杀蜜蜂的行为人是为了自己的正常生活或经营,在自己的生活、经营场所内小范围的熏杀不特定的昆虫,包括蜜蜂,这就要视具体情况而定了。如果进行熏杀的地点离安置蜂箱的场所很近,行为人能够预见到熏杀必然造成蜂群损失,那么,行为人在不与养蜂户协商,不通知养蜂户做好防范措施的情况下,用药剂等方法进行熏杀造成蜜蜂大量死亡,则可以认定行为人存在过错,应当对养蜂户的损失承担赔偿责任。在就赔偿问题自行协商不成的情况下,受损失一方有权起诉至法院,要求民事赔偿。本人认为,如果情况是像文章开头提到的,经营蜂蜜的企业在自家蜜库内熏杀昆虫,在自己的经营场地内正常经营,他的经营行为,并不负有保护蜜蜂的义务,也没有通知养蜂户的义务。企业在蜜库设置蜜池是为经营需要,用茅草熏是为保护蜂蜜,并不是故意熏杀蜜蜂,企业在经营活动中并无过错,所以对蜜蜂的死亡也不承担责任。同时,作为专业的养蜂户,应该经常检查蜂群的状况,蜂群中蜜蜂数量的增减如果在正常的范围内,是养蜂户应当预见到的，当发现蜂群有异常变化，蜜蜂数量不正常的减少，应及时查找原因、采取措施，减少损失。经常检查蜂群，这是经营养蜂所必需的工作。并且养蜂户应当在放养蜂群前对周围环境作谨慎的调查，并承担养蜂的经营风险。如果养蜂户没有及时检查蜂群的情况，没有发现蜂群群势非正常减少或者对蜜蜂的数量的减少持观望态度，没有及时调查减少原因，及时采取补救措施，则对损失的扩大负有责任。

综上所述，广大养蜂户应对养蜂的经营风险做出正确的估计，有条件的地区可以通过购买经营保险的方式尽可能回避风险。在发现蜂群受到损失后，应及时向相关部门报告情况，查明损失发生的原因，及早采取补救措施，减少损失，分清责任，通过法律手段保护自己的合法权益。

六、对"盗蜂"诉讼案的思考

宋心仿

2002年10月中旬，皖南正值无花期，安徽省芜湖县六郎镇养蜂户周蜂友发现自家蜂场的3群蜂发生盗蜂，通过反复关闭巢门制止无效后，断然决定以损失3箱被盗群为代价，彻底消灭盗蜂换取其他蜂群免遭盗蜂之祸。他勾兑了巨毒农药"1605"稀释液，喷向被盗蜂群，很快3箱被盗群全部死亡，本场其他蜂群也造成严重中毒死亡，进而还引发了一场旷日持久的诉讼。

当天，本村养蜂户范蜂友等人发现自家的蜂群急剧中毒，分别有66群和27群蜜蜂死亡，当弄清是周蜂友喷了农药所致时，便打电话报警，翌日一早周蜂友便被警车带走并关进了公安看守所，同时被范蜂友等人告上了法庭。后经周蜂友家人讲情，通过反复协商三方达成协议：周蜂友家赔偿范蜂友等人共计18 500元。赔款兑现后周蜂友被"取保候审"放出监房，其间被关11天。后芜湖县法院作出判决：周蜂友构成破坏生产经营罪，鉴于已赔偿损失，可认定犯罪情节轻微，免予刑事处罚。

判决后，周蜂友找到省蜂协及有关专家为之出具材料，证明自己用农药治理盗蜂虽不符合规定，但其目的是治理盗蜂，并非故意毒杀他人蜜蜂；以此为由向芜湖市中级法院提起上诉。不久芜湖中院裁定：事实不清，发回重审。2004年2月芜湖县法院再次判决：驳回上诉，维持原判。紧接着周蜂友再次提出抗诉，强调：当时认定所毒蜜蜂（盗蜂）是自家蜂场的，根本不知道会有他场蜜蜂，绝非故意。后来，芜湖中级法院经过反复取证做出判决：周蜂友行为不构成破坏生产经营罪，改判周蜂友无罪。

中级法院改判无罪后，周蜂友又向县法院提起诉讼：认为赔款协议是在胁迫情况下签订的，所赔金额过高，对方应退还多付部分。2005年6月，芜湖县法院开庭公开审理，经过双方激烈辩论和相关证据证实，法院判决被告退还原告多付的7 125元及损失946元。对此，诉讼双方没有再诉。

思考一：本不该发生的官司。

本次官司本不该发生，当初周蜂友如果采取客观科学的方法防治盗蜂，就不会造成如此纠纷，然而事情既然已经发生，在双方无法调解的情况下，依法诉讼弄清事实真象是完全必要的，其教训值得深刻反省。

思考二：诉讼案由值得深思。

本案的诉讼起因是由周蜂友引起的，当他发现自家3群蜜蜂发生盗蜂又制止无效后，便配兑巨毒农药彻底消灭了被盗的3群蜜蜂，同时也造成来盗蜂返回原群造成其他蜂场的蜂群中毒死亡，从而引发了被关监房及索赔官司。

该案的焦点是周蜂友采用毒药防治盗蜂是否合理合法，给对方造成损失是否应承担责任等。周蜂友对承担责任感到委屈和冤枉，认为自家蜂群被盗蜂扰乱，用毒药毒杀自家的蜜蜂，也没想到会危害其他人的利益，竟落得"有罪"并赔款，他想不通，很多蜂友也为之鸣不平。可由此造成几十箱蜜蜂死亡的范蜂友等人的认识就大相径庭，法律支持了他们的观点，这是因为他们的损失是由周蜂友的行为所造成的，尤其在事先毫不知情的情况下突遭惨重损害，这一事实及损失的存在，从法律角度追究起来，必定会分辨个因果，既然找到了造成损害的原因，法律就支持受害者的索赔，这是符合国家法规和社会道义的。

思考三：防治盗蜂的措施是否恰当。

防治盗蜂的关键是"防"，尽量防患于未然，一旦发生盗蜂，必须马上采取科学的控制措施。本案中周蜂友以毒药毒杀被盗蜂群的做法，在养蜂实践中尚未听到过，我想他这样做是出于无奈，但更主要的是方法不科学，态度也比较消极，显然以毒杀蜂群制止盗蜂的做法，无论从道义上还是从技术上均有不妥之处，更不符合相关法规。

当时周蜂友可能不是故意毒杀他人的蜜蜂，也可能根本就没想到后果会是这样，但其行为却造成了严重的后果，自己也为此付出了巨大的代价。

思考四：依法维权至关重要。

本案的双方当事人同属一村村民，当发生盗蜂事件后，如何才能得到比较好的解决呢？有人认为应坐下来心平气和协商解决，不要伤了和气；有人认为造成如此大的经济损失及纠纷，双方难以心平气和友好协商，有必要通过法律手段，认清是非辩明真象确定责任大小，我支持后一种观点。友好和善解决问题固然很好，然而根据常规，两位村民一旦遭遇突发经济纠纷事件，在协商不成纠纷较大时，难以做到友好和善处理，时常是怒发冲冠发生争吵，甚至有可能会引发打斗，远不如依法运用法律武器通过诉讼来维护自己的合法权益。依法维权，通过司法机关可将事实真象调查清楚，并依照法律条文做出公正判决；通过法律手段解决双方纠纷，双方以平等地位依法举证，通过证据和法律条文来明辨是非，从而达到较为公正的效果。

打官司虽然不是件容易事，可一旦遇到协商解决不了的纠纷，依法诉讼维护自身权益是最好的解决问题的途径。

七、养蜂人的官司打赢了

曾龙华　杨灯云

杨蜂友居住在武汉市玉贤村农力村二组，从 1986 年开始在自己屋后院内定地养蜂。一家 5 口人靠养蜂为生，养蜂收入是他家唯一的经济来源，养蜂让他脱贫致富，用养蜂收入新建了一座楼房。

2006 年在蔡甸区城关又购买 130 平方米商品房一套。因为他是个养蜂能手，2003 年被评为武汉市优秀蜂农。一家人过着和睦幸福的生活。然而祸从天降，起因是武汉市一家模具公司在蜂场附近开办了一个小炼钢厂。该厂烟囱矮小，浓烟滚滚，粉尘飞扬，污染大气和地面环境。对杨灯云蜂场蜜蜂的危害极为明显，蜂群群势迅速下降，蜂群丧失生产蜂王浆、蜂蜜能力，采集的花粉含有粉尘异味，不能食用。

身处弱势群体的养蜂人杨蜂友找该厂老板交涉，但该厂老板财大气粗，对此事置之不理，经多次交涉都无法解决。

杨蜂友向作者反应情况，焦急中苦思对策的作者建议杨蜂友首先保存蜂群，避免蜂场遭受全军覆没，立即把蜂场转往安全地点，再向有关部门投诉。2005 年 5 月向武汉市蔡甸区环保局投诉。当时环保局接待人员很重视，答应立案调查，取样化验。结果不明白是什么原因，环保局并未兑现承诺。作者又为杨蜂友向武汉市蜂业协会、市环保局逐级上诉，要求市环保局依法行政，查处违法行为，按环境保护法办事。在养蜂书籍中明确写到冶炼厂冒出的浓烟及粉尘对周围的植物和土壤累积了大量砷化物和氟化物，对蜜蜂有毒。试验证明，如果空气中的臭氧浓度超过 0.5 微克/升时，蜜蜂会发出嗡嗡鸣叫，无规则乱爬，寿命缩短。4～5 纳克/升氟气对蜜蜂有轻微毒性，蜜蜂死亡率加速，寿命缩短13%。杨蜂友据此力争。在武汉市蜂业协会，武汉市环保局，蔡甸蜂协大力支持下，当事人经过7~8个月的奔波投诉，迫使厂方赔偿杨蜂友蜜蜂损失费4 000元。

八、用法律武器保护自己的合法权益

白景和

2004年9月下旬，我从沈阳市中国小食品城购买1 250千克白糖作蜜蜂越冬饲料，喂进蜂群后，没有发现异常现象。可几天后，气温稍低，发现喂进蜂群的糖已经结晶。我赶到沈阳与商家交涉，没有得到解决。我又找到食品城的工商所说明情况。后来了解到，要证明糖是真是假（超标），就要鉴定此糖。我到沈阳市食品检测中心做了鉴定，结果证明多项指标超标，属不合格产品。

我拿到了鉴定书去了工商所。在工商所协助下，我拿到了商家为不合格白糖赔偿的双倍货款8 700元，检测费2 000元，往返车费500元。虽然得到部分赔偿，但是由于劣质白糖给我140箱蜂造成巨大损失，我马上又起诉到沈阳市和平区人民法院要求赔偿蜂群损失。从法院立案到判决书下达只用了一个月的时间，但商家对判决不服，商家起诉到沈阳市中级人民法院，中间经历波折，庭前调解时，商家又要求鉴定，我只有耐心等待。到了2006年6月，终于等来了沈阳市中级法院的终审判决，我胜诉，获得42 000元蜂群损失赔偿款。

我写这些就是为了告诉那些买了假白糖的蜂友，遇到此类事不要怕，首先找工商所处理，得到部分损失的赔偿（首先拿到鉴定书），买糖要发票，出现问题要拿糖样去检测，取糖样时，商家、工商、检测中心、受害人四方一起取样，都要在场，缺一不可。拿到糖的赔偿后，再去当地法院要求蜜蜂损失的赔偿。一定要实事求是，每箱蜂价格损失情况都要证明。人证、物证要全，当时我请到辽宁省蜂产品协会的同志到场作了现场了解和拍照。两次法院开庭，我都没有请律师，我坚信只要证据确凿，能得到应有的赔偿。

第二节 蜜蜂被投毒与赔偿维权实例

一、蜂场遭恶性投毒，该如何赔偿

王秀红

从民事法律角度看，对蜂场投毒是一种严重的民事侵权行为，应负民事赔偿责任。侵权人赔偿责任的大小，视受害蜂场所受损失而定，可通过协商、诉讼等途径主张损害赔偿。

从刑事法律角度看，对蜂场投毒，达到《中华人民共和国刑法》（以下称《刑法》）第二百七十六条规定（《刑法》第二百七十六条规定的"破坏生产经营罪"，是指由于泄愤报复或者其他个人目的，毁坏机器设备、残害耕畜或者以其他方法破坏生产经营的行为。）"情节严重"的，构成破坏生产经营罪；达到《刑法》第一百一十四条（第一百一十四条工厂、矿山、林场、建筑企业或者其他企业、事业单位的职工，由于不服管理、违反规章制度，或者强令工人违章冒险作业，因而发生重大伤亡事故，造成严重后果的，处三年以下有期徒刑或者拘役；情节特别恶劣的，处三年以上七年以下有期徒刑）、第一百一十五条规定（《刑法》第一百一十五条"以危险方法危害公共安全罪"：放火、决水、爆炸、投毒、或者以其他危险方法致人重伤、死亡或者公私财产遭受重大损失的，处十年以上有期徒刑、无期徒刑或者死刑。）"危害公共安全"的，构成投放危险物质罪。

构成犯罪的，可以向公安机关报案，要求追究投毒人刑事责任。与此同时，受害人可以提起刑事附带民事诉讼，向投毒人主张损害赔偿。提示：①一旦确认蜂场遭投毒，蜂场主应立即进行现场保护，并报告公安机关，要求公安机关进行侦查，固定证据，查找投毒人。②投毒人确定后，可在刑事诉讼程序中由公安局、检察院或法院调解，解决赔偿问题；也可以不经调解，由人民法院对刑事附带民事诉讼作出判决解决。

二、挤占场地引发毒蜂案的教训

李易谷

众所周知，蜂场之间距离太近会影响蜂蜜产量，也会引发蜂场之间盗蜂的发生。因此，挤占放蜂场地导致的蜂农之间的争吵斗殴，纠纷经常发生，尤其是外地蜂场来到人生地疏的地方放蜂，因挤占当地蜂农的场地，纠纷未得到妥善处理，经常发生受损蜂农投毒来报复泄恨的事件。

2010年3月在湖北省黄梅县，2010年5月在河北肃宁县及北京密云县就发生了这样的毒蜂案，我应受害蜂农求助，去案发现场了解案情，看到这种同根相煎的悲剧，真是令人气愤与同情，更让人深思，眼前所发生的事情值得我们从中吸取深刻的教训。

2010年3月9日，我接到山东枣庄市李蜂友的求助电话，说他的蜂场在湖北省黄梅县新开镇放蜂采油菜蜜时发生蜜蜂被毒死的事件，请求我去黄梅县为毒死蜜蜂的损失进行评估。为避免受损蜂农支付我往返车旅费，承受经济负担，我给黄梅县施老蜂友打电话，请他为李蜂友受损蜂群估价，可施师傅说他为外地蜂农评估损失，有失公正的嫌疑，我只好亲自去黄梅县，到了李蜂友蜂场。我对蜂农首先申明，解决纠纷是以调解促进和解为主，只有实事求是评估损失，让侵害人赔偿，才能顺利兑现，从而化解双方怨恨，才能继续在黄梅县繁蜂采蜜。我对李蜂友被毒死26箱蜜蜂估价9 000元，赞同我的调解方案的李蜂友接受我做出的估价意见。

李蜂友怨恨地对我说，其实他的蜜蜂被毒死是由挤占场地的安徽省莱安县吴某赖着不走引起的。原来养蜂百余箱的李蜂友于2009年12月将蜂场运到黄梅县新开镇袁李村堤坝边放蜂。不久，袁李村养蜂户李师傅到蜂场，指责李蜂友蜂场离他的蜂场仅1千米距离，担心发生盗蜂，要求李蜂友搬走蜂场。给李师傅递烟倒茶后，李蜂友解释，初来乍到不知附近有李师傅蜂场，请李师傅谅解出外养蜂人转场的难处，以后再来新开镇放蜂，一定离远一点。李蜂友诚恳的态度感动了李师傅，从而化解了矛盾，李蜂友因此没有搬走蜂场，双方相安无事。

安徽省莱安县吴某，父子3人饲养两车蜜蜂，近400箱，经收蜜商贩介绍，将两车蜂运到黄梅县新开镇团州村采油菜蜜。不久，团州村养蜂户陈师傅来到安徽蜂场，指出吴某蜂场离他蜂场才0.5千米，400箱蜜蜂对他蜂场生产影响很大，恳请吴某搬走蜂场，避免给他造成损失。见吴某无动于衷，拖延时间不想转场，气愤的陈师傅同李师傅商议赶走挤场的吴某蜂场，两人用注射过乐果的鸡蛋趁天黑进行投毒。两人到李蜂友蜂场，站在堤坝上往下投鸡蛋，所以，致使李蜂友被毒死蜜蜂26箱，而吴某蜂场四周人多看得紧，慌乱中两人投毒蛋少，激化矛盾的吴某蜂场仅被毒死蜜蜂6箱。

当我去吴某蜂场察看毒蜂现场时，他搬走毒死蜜蜂的蜂箱留下6处痕迹，可我与他交谈时，他却声称损失几万元（索取7 000元赔偿）。我对夸大损失想乘机捞一把的人很反感，便对他说，将心比心，几百箱蜜蜂放在你家门口，你能容忍？由于吴某坚持挤场侵权而破坏养蜂生产秩序，我请求黄梅县司法部门对毒蜂案慎重处理，否则无视当地蜂农权益，挤场现象难以遏制，由此激化矛盾不利于当地治安，有害和谐社会的建设。

根据1986年颁布的《养蜂管理暂行规定》，第十一条"办理入境手续和落实场地"规定，对未办入场手续而挤场吴某，蜂场主可申请公安机关强制挤场者搬走蜂场，获准后由亲戚朋友到侵权蜂场强行将蜂群装车拉走，来维护自身合法权益，或向法院提起民事诉讼，向侵权吴某索赔，并由法院扣押肆意侵害他人权益的吴某蜂场，履行赔偿义务后才放行，乱挤场的侵权行径才能得到有效遏制，养蜂生产秩序才能恢复并加以遵守。

第三节 不法侵害案实例

一、不法侵害案焦点问题探析

宋心仿 高敦

养蜂人在外放蜂，时常遭受一些不法之徒的骚扰和侵害或造成财产损失或导致人身、声誉等方面受到伤害，直接影响到养蜂生产的正常进行和生命财产的安全。对此，告诫广大养蜂人，在遭受不法侵害时，万万不可一味忍让，自认倒霉。要熟悉国家的法律规定，在法律规定的合法范围内勇敢地进行自卫，学会依法保护自己的人身和财产安全。

（一）不法侵害的主要表现及临场处理

养蜂人在外放蜂，时常成为一些不法之徒敲诈勒索的对象。主要表现在以非法占有为目的，使用胁迫或要挟手段索取养蜂人的财物，索要地盘费或强拿蜂蜜、抢劫钱物等，使养蜂人受到财产损失、人身伤害和精神恐惧。对此，养蜂人应依据法律法规有理有据地与不法之徒作斗争。我国《刑法》第274条明确规定，敲诈勒索罪的构成要件以及量刑范畴，养蜂人明确这一法律规定，可以向不法之徒讲明利害关系，劝其放弃犯罪念头。若犯罪分子仍执迷不悟，应根据当时的具体情况，保持冷静的头脑与之巧妙周旋，首先要加强自身防范，保护自己的人身安全，再寻找机会击退侵害者，同时要设法向公安机关报案，以寻求司法帮助。报案可以口头报案，也可以书面提出，并注意提供与案件事实有关的书证、物证、人证及犯罪分子的相关线索，以便公安机关迅速抓获罪犯。

面对强徒,你可以勇敢地进行自卫。我国《刑法》第 20 条第 1 款规定了正当防卫的构成,即当自己的人身、财产和其他合法权利正在遭受不法侵害时,你有权制止不法侵害的行为,只要措施得力、适度、得当,便属于正当防卫。特别要提醒蜂农朋友的是,在该条第 3 款中,罗列了正当防卫无限防卫权的几种情形,即:对正在进行行凶、抢劫以及其他严重危及人身安全的暴力犯罪,采取防卫措施造成不法侵害人人身伤亡的,不属于防卫过当,不负刑事责任。因此,养蜂人遇到抢劫及不法侵害时,不必有过多的顾虑,可以奋起自卫,这是法律授予公民的正当权利。

(二) 责任认定及追究

有的养蜂人遭遇不法侵害时,往往感到手足无措,不知如何是好,其实寻求帮助的途径很多:有公安机关、人民法院或检察院,还有司法机关的 148 法律服务中心,都会提供法律帮助或咨询。《刑事诉讼法》第 84 条赋予公民对侵犯其人身、财产权利的犯罪事实和犯罪嫌疑人向公安机关、人民检察院和人民法院报案或控告。因此,养蜂人遭遇不法侵害时,也可向就近的人民检察院或人民法院报案。法律规定即使具体案件不归这些机关管辖,法院和检察院也应该先采取紧急措施,然后移送主管机关处理。

(三) 参与诉讼及相关事项

为了维护自己的合法权益,养蜂人在受到不法侵害时,应及时报案或提起诉讼,依法讨回公道并严惩不法之徒,正常情况下,是会收到满意效果的。但有时司法机关会因"证据不足"不予受理,遇到这样的情况,请不要着急,更不应采取超出法律规定的过激行为,要相信法律会还你一个公道。我国《刑事诉讼法》第 86 条对刑事案件的立案监督做了明确规定,即:当公、检、法各机关决定不立案时,应当将不立案的理由告知控告人,控告人如果不服,可以向上一级司法机关申请复议,上级机关对下级机关有立案监督的权力;如果只是公安机关不立案,养蜂人可向同级检察院反映,检察机关可要求公安机关说明不立案的理由,如果理由不充分,应通知公安机关立案,这表明检察机关对立案也有监督的权力。司法机关立案后,要注意在诉讼中的地位及相关事项,在法定的自诉案件中,作为被害人依法自行提出刑事诉讼,称为自诉人;在刑事附带民事案件中,由于被告人的犯罪行为而遭受物质损失的,养蜂人有权提起附带民事诉讼,称为附带民事诉讼的原告人;在人民检察院代表国家提起公诉的刑事案件中,以个人身份参与诉

第四章 养蜂涉法维权实例

讼并与人民检察院共同行使控诉职能的称为被害人。找准了自己的位置，明确了自己的权利义务，养蜂人应该按照自己的身份行使自己的权利，维护自身的合法权益。一般情况，养蜂人是作为刑事附带民事案件的原告人参与诉讼，在此种身份下，你可享有下列权利。

①提起附带民事诉讼，要求明辨是非主持公道，赔偿物质损失。这里的物质损失主要是指直接的物质损失，主张自己的权利。

②具有申请回避权。

③有权委托诉讼代理人。

④有权参加法庭调查。

⑤有权对于附带民事诉讼部分的事实和证据作出陈述和发表意见及进行辩论。

⑥有权对地方各级人民法院第一审尚未发生法律效力的判决和裁定提出上诉。

⑦有权请求人民法院主持调解或者与附带民事诉讼被告人自行和解。通过行使上述权利，养蜂人就能依法讨回公道，维护自己的合法权益。

二、蜂农在莫力达瓦旗遭地痞团伙敲诈殴打致伤案得到查处

李易谷

浙江省缙云县蜂农丁某某于2007年7月24日到内蒙古呼伦贝尔市莫力达瓦达斡尔族自治旗腾克镇提古拉村西边老国道边采大豆、苕条蜜。7月27日下午，3名20多岁的青年骑两辆无牌照摩托车来到丁家蜂场，声称有人被蜂蜇。丁氏父子3人走出帐篷问来者蜇在哪里，可来者中没有被蜜蜂蜇后的红肿症状，老丁拿消肿镇痛药来，可来者蛮横地要求赔钱，老丁推说养蜂歉收没有钱。见蜂农不愿拿钱，两歹徒操起蜂场两把铁锹向丁氏父子就砍，砍得老丁手腕红肿，治疗10余天都未痊愈。一歹徒用蜂场的柴刀砍向老丁，当过侦察兵的小丁从歹徒手中夺下柴刀，右手内掌被划破，左肩被另一歹徒用铁锹砍伤。3歹徒见丁氏父子奋力抵抗，便打手机招来持木棍镰刀的20来名同伙赶到丁氏蜂场，3地痞仗着人多势众要蜂农赔偿2 000元，一个自称村干部的让蜂农给地痞赔偿1 500元。无奈蜂农向同乡借钱打发了3个地痞的敲诈。此前，3歹徒骑摩托车10多公里先后到5户蜂场以被蜂蜇为由进行敲诈。

义务维权者接到丁氏父子求助电话后，从数百公里外找到已转场的受害人蜂场，于8月8日随同丁氏父子到案发地找到其他受害蜂农，了解地痞上

门敲诈的情况，写了控告材料，指出提古拉村王栓等3地痞遭蜜蜂蛰是假，以被蜂蛰为名到蜂场进行敲诈是实，其敲诈和扰乱养蜂生产的寻衅滋是触犯法律的行为，因此，有关部门应依法查处。第2天上午维权者陪同丁某某到莫力达瓦旗公安局上访，受到孟副局长接待，他认真负责地在蜂农控告材料上作了批示，因而治安大队长指令苏警官等人对案件查处。8月17上午维权者陪同丁氏到莫力达瓦旗公安局，受到苏警官的热情待。维权者在同苏警官交谈中，指出莫力达瓦旗是少数民族聚居区，蜂农应尊重少数民族的风俗，尤其对遭蜂蛰行人，应给予积极的及时救助，并好言安抚，适当送点蜂产品安慰，表示歉意。但是对到蜂场寻衅滋事的酗酒者，绝不能将党和政府多年来对少数民族的关怀，当作欺压外地人的特权，对此，苏警官表示将依法办事来履行法律面前人人平等的原则。随后苏警官将1 500元退还给丁氏父子，并向受害蜂农赔偿医药费和车旅费600元，将按《治安管理处罚法》对王栓等地痞处以罚款和拘留。

第四节　拆迁征地维权实例

一、浅析蜂农因政府拆迁遇到的法律问题

蔡　迪

目前，我国农村迅速城镇化，各地因房屋拆迁、土地征用所导致的农民与土地分离的现象日益增多。对养蜂者来说，失去了养蜂场地，就失去了固有的谋生方式。因此，在全国各地出现很多因拆迁造成的问题，在拆迁时，蜂农必然希望解决养蜂场地问题，客观地说，绝大部分定地养蜂者年龄都在60岁以上，并且养蜂收入就是他们的生活来源。然而，如何解决，国家有什么相关法律规定。各地区政府的农业补偿的法规规定没有统一的标准。政府的农业补偿不能及时发放到拆迁农户的手中，种种原因导致了拆迁补偿纠纷在广大的农村时有发生，下面就这些问题作简要分析。

（一）政府拆迁中法律关系的性质

许多学者认为，在征地拆迁过程中，拆迁人与被拆迁人之间是平等的民事主体关系，这就将征地与拆迁划分为两种性质的行为，即征用为行政行为和拆迁为民事行为。笔者认为，应当将征地拆迁界定为行政行为。《中华人民共和国土地管理法》第二条规定：中华人民共和国实行土地的社会主义

公有制，即全民所有和劳动群众集体所有制；国家为公共利益的需要，可以依法对集体所有的土地实行征用。这种国家征用是典型的行政行为。因此，征地拆迁总体上是行政机关的行政管理活动，是行政行为，这一行为的标的是土地，至于房屋拆迁，则作为土地征用过程中对地上定附着物进行补偿的内容，整体上仍然包含在征用这一行为之中。这样一来，将征地拆迁整体纳入行政行为的范畴，由行政机关行使行政职能予以调整。

根据分析笔者发现，农户或养蜂户的合理合法的个人财产的损失是因为当地政府的拆迁，补偿款未合理支付，或未解决养蜂户养蜂场地问题所致。农户这时候与当地的行政拆迁机关是行政法法律关系当事人。因拆迁政府给予农户在行政法理论中被称之为行政补偿。

何为行政补偿？通说被定义为对行政主体及公务人员在行使职权过程中因合法行为损害相对人的合法权益而采取的补救措施。据此被拆迁户所遇到的法律问题是典型的因行政补偿得不到满足导致的行政法律纠纷。

（二）因政府拆迁所致补偿纠纷的法律分析

养蜂户受损的权益应当是合法的，是值得保护的。对此《中华人民共和国畜牧法》第四十七条规定"国家鼓励发展养蜂业，维护养蜂生产者的合法权益"。被拆迁者要符合什么条件才是拆迁补偿的法律要件呢？权益损害必须达到严重程度而构成特别牺牲，所谓特别牺牲是农户的损失严重到超出一般的社会责任所能容忍的程度，假若农户承担的责任虽有一定的程度但是不妨碍权益的正常行使，则无需行政补偿。最后，特别牺牲与合法权益与合法行为之间存在因果关系，假若不存在因果关系，则无需行政补偿。

结合案例来看，养蜂户的私人农用设施和房屋是合法的劳动设备，应当受法律保护，并且对养蜂户农用设施进行拆迁造成了对该农户的严重程度而构成特别牺牲，养蜂户丧失了维持生活的主要经济能力是因为政府的拆迁造成的，所以，养蜂户是政府拆迁行为的补偿对象。

（三）农村集体土地征地后房屋拆迁争议的解决

《中华人民共和国物权法》第四十二条规定："为了公共利益的需要，依照法律规定的权限和程序可以征收集体所有的土地和单位、个人的房屋及其他不动产。征收集体所有的土地，应当依法足额支付土地补偿费、安置补助费、地上附着物和青苗的补偿费等费用，安排被征地农民的社会保障费用，保障被征地农民的生活，维护被征地农民的合法权益。征收单位、个人的房屋及其他不动产，应当依法给予拆迁补偿，维护被征收人的合法权益；征收个人住宅的，还应当保障被征收人的居住条件。

目前，我国地方政府关于拆迁补偿的规定不同，国家没有统一的农业拆迁补偿法，造成了目前在拆迁补偿的执法过程中各地政府引用当地的规章，执法的标准也不一致，甚至在排除纠纷解决的法律适用上也有所区别。为了使农户及养蜂者的合法权益得到相应的保护，拆迁补偿的法律解决机制达到良好的社会效果，立法机关应当出台相应的法律。

二、养蜂法律问题解答

王秀红

蜂场所在土地被占用时，蜂场主能否得到补偿？

答：以下是国家法律法规对土地征用、拆迁补偿标准的原则性规定。具体的补偿标准，法律授权由各省、自治区、直辖市规定，这里限于篇幅，不能一一列出。

根据《中华人民共和国土地管理法》（2004年8月28日修正）、《中华人民共和国土地管理法实施条例》（国务院1998年12月27日公布）的规定，农村集体土地征用补偿对象仅限于土地所有权人和土地使用权人。征用程序、补偿范围、补偿标准等规定如下。

（一）征用程序

国家征用农村集体土地方案必须经依法批准，经依法批准后，由被征用土地所在地的市、县人民政府组织实施，并将批准征地机关、批准文号、征用土地的用途、范围、面积以及征地补偿标准、农业人员安置办法和办理征地补偿的期限等，在被征用土地所在地的乡（镇）、村予以公告。

（二）补偿范围及标准

1. 被征用土地的所有权人、使用权人应当在公告规定期限内，持土地权属证书到当地人民政府土地行政主管部门办理征地补偿登记

征用土地的，按照被征用土地的原用途给予补偿。

2. 征用耕地的补偿费用包括土地补偿费、安置补助费以及地上附着物和青苗的补偿费

征用耕地的土地补偿费，为该耕地被征用前3年平均年产值的6~

10倍。

征用耕地的安置补助费，按照需要安置的农业人口数计算。需要安置的农业人口数，按照被征用的耕地数量除以征地前被征用单位平均每人占有耕地的数量计算。每一个需要安置的农业人口的安置补助费标准，为该耕地被征用前3年平均年产值的4~6倍。但是，每公顷被征用耕地的安置补助费，最高不得超过被征用前3年平均年产值的15倍。

3. 征用其他土地的土地补偿费和安置补助费标准，由省、自治区、直辖市参照征用耕地的土地补偿费和安置补助费的标准规定

被征用土地上的附着物和青苗的补偿标准，由省、自治区、直辖市规定。

征用城市郊区的菜地，用地单位应当按照国家有关规定缴纳新菜地开发建设基金。

按照上述规定支付土地补偿费和安置补助费，尚不能使需要安置的农民保持原有生活水平的，经省、自治区、直辖市人民政府批准，可以增加安置补助费。但是，土地补偿费和安置补助费的总和不得超过土地被征用前3年平均年产值的30倍。

征用土地的各项费用应当自征地补偿、安置方案批准之日起3个月内全额支付。

（三）提示

①蜂场设在蜂农自家院子的，自家院子被征用、拆迁时，蜂农作为土地使用权人，可以要求土地补偿费和安置补助费赔偿，赔偿标准，视各省、自治区、直辖市颁布的标准而定。

②征用补偿只是对土地所有权人、土地使用权人的补偿。蜂场设置在租用土地上的，作为租赁者，养蜂人只能按照合同要求土地出租人给予赔偿，与征用单位、拆迁单位及其补偿没有直接关系。没有土地租赁合同，或者土地租赁合同没有规定征用、拆迁赔偿的，一般不给予赔偿。

③蜂场设在其他土地上，养蜂人没有合法的用地手续的，土地被征用时，对蜂场不予补偿。

第五节 蜂产品质量及安全涉法实例

一、《食品安全法》中涉及刑法问题解析

蔡 迪

2009年6月1日中华人民共和国食品安全法已经生效，此前实行了14年的《中华人民共和国食品卫生法》（以下称《食品卫生法》）也随之废止。新的食品安全法内容在规定上明确了生产者的第一责任、质量评估标准等重要方面，在行政管理的有效治理方面可谓有了较大的飞跃。如何正确理解该法的适用以及与刑法之间的衔接，显得尤为重要。关于该法涉及刑法问题体现在以下几个方面。

（一）如何判断行为人违反食品安全法构成犯罪

判断某一具体危害食品安全行为是否构成犯罪，应看它是否具备了与食品安全相关罪的犯罪构成。该类型犯罪的构成是依照我国《刑法》的规定、有关司法实践及专家观点，较大程度影响犯罪的成立的标准，它包括4个方面，一种行为具备了这4个方面的要件就构成犯罪。第一，犯罪客体，是指我国《刑法》所保护而为犯罪行为所侵犯的社会主义社会关系；第二，犯罪客观方面，是指犯罪活动在客观上的外在表现，包括危害行为、危害结果和犯罪的方法、时间、地点等；第三，犯罪主体，指实施犯罪行为，达到一定年龄并具有责任能力，依法对自己的罪行应当负刑事责任的自然人和依法应当负刑事责任的法人或单位；第四，犯罪主观方面，指犯罪主体对其所实施的社会危害行为以及产生的危害结果所抱的心理态度，即故意或过失，以及犯罪的目的和动机。

（二）涉及刑法的罪名评析（条文）

从《食品安全法》中有关刑事责任条款的表述上看，大多采用"构成XX罪的，依照刑法第XX条的规定追究刑事责任"，这与刑法典中对应犯罪的构成要件（要素）相比，有些罪的设定明显补充或者修改了相应犯罪的构成要件的个别要素。从公布的《食品安全法》来看，其第九章法律责任的规定中，援引了刑法规定的6组罪名。

第四章　养蜂涉法维权实例

1. 非法经营罪（食品安全法的第 84 条）

本罪是刑法第 225 条规定，违反国家规定，有下列非法经营行为之一的，扰乱市场秩序情节严重的构成此罪，并且处 5 年以下有期徒刑或者拘役，并处或者单处违法所得一倍以上 5 倍以下罚金；情节特别严重的处 5 年以上有期徒刑，并处违法所得 1 倍以上 5 倍以下罚金或者没收财产。其中涉及到食品安全方面的该法第一项列明的情形，未经许可经营法律、行政法规规定的专营、专卖物品或者其他限制买卖的物品。食品安全法中将此款情节具体描述为："违反本法规定，未经许可从事食品生产经营活动，或者未经许可生产食品添加剂的，由有关主管部门按照各自职责分工，没收违法所得、违法生产经营的食品、食品添加剂和用于违法生产经营的工具、设备、原料等物品；违法生产经营的食品、食品添加剂货值金额不足 10 000 元的，并处 2 000 元以上 50 000 元以下罚款；货值金额 10 000 元以上的，并处货值金额 5 倍以上 10 倍以下罚款"。

2. 生产、销售不符合卫生标准的食品罪

本罪由《刑法》的第 143 条规定。生产、销售不符合卫生标准的食品罪，是指行为人违反食品卫生法规，明知是不符合卫生标准的食品而进行生产、销售，足以造成严重食物中毒事故或其他严重食源性疾患的行为。本罪侵犯的客体，是国家对食品生产、销售的监督管理制度和广大人民群众的生命、健康权利。从行为来看，行为人必须做出了生产或销售不符合卫生标准的食品的行为。本罪属于选择罪名，只要具备生产行为和销售行为中的一种，即可构成该罪。该法中"足以造成"并非"已经造成"，行为人生产、销售不符合卫生标准的食品，只要足以造成而不需要确实发生严重食物中毒或其他严重食源性疾患，即构成本罪，如果已发生严重后果，则依法加重处罚。"不符合卫生标准的食品"是指食品安全法中第 85 条中列明的：

生产经营致病性微生物、农药残留、兽药残留、重金属、污染物质以及其他危害人体健康的物质含量超过食品安全标准限量的食品；

生产经营营养成分不符合食品安全标准的专供婴幼儿和其他特定人群的主辅食品；

经营腐败变质、油脂酸败、霉变生虫、污秽不洁、混有异物、掺假掺杂或者感官性状异常的食品；

经营病死、毒死或者死因不明的禽、畜、兽、水产动物肉类，或者生产经营病死、毒死或者死因不明的禽、畜、兽、水产动物肉类的制品；

经营未经动物卫生监督机构检疫或者检疫不合格的肉类，或者生产经营未经检验或者检验不合格的肉类制品；

经营超过保质期的食品；

生产经营国家为防病等特殊需要明令禁止生产经营的食品；

利用新的食品原料从事食品生产或者从事食品添加剂新品种、食品相关产品新品种生产，未经过安全性评估；

食品生产经营者在有关主管部门责令其召回或者停止经营不符合食品安全标准的食品后，仍拒不召回或者停止经营的。

3. 生产、出售有毒、有害食品罪

本罪是由《刑法》第144条规定。生产、销售有毒、有害食品罪，指生产者、销售者故意在生产、销售的食品中掺入有毒、有害的非食品原料，或者销售明知掺有有毒、有害的非食品原料的食品的行为。本罪是行为犯罪，即只要行为人实施了生产、销售掺入有毒有害的非食品原料的食品的行为，不要求有后果，即可构成本罪。如果行为人实施上述行为造成了严重的食物中毒事故或其他严重的食源性疾患，仍属本罪，但属于结果加重犯罪，应处较重的刑罚。本罪也是选择罪名，即行为人只要实施了生产行为和销售行为中的一种，即可构成本罪。在食品卫生法中第85条中列明的第一项中规定的，用非食品原料生产食品或者在食品中添加食品添加剂以外的化学物质和其他可能危害人体健康的物质，或者用回收食品作为原料生产食品。本罪的犯罪对象是特定的，即掺有有毒有害的非食品原料的食品，如果仅仅是不符合卫生标准的食品，则不构成本罪而应当为第143条的生产、销售不符合卫生标准的食品罪。

4. 虚假广告罪

刑法的第222条规定，广告主、广告经营者、广告发布者违反国家规定利用广告对商品或者服务作虚假宣传，情节严重的，处二年以下有期徒刑或者拘役，并处或者单处罚金。本罪行为方式上一个突出特点是利用广告对商品或服务作不真实的虚假宣传。关于食品安全法的第九十四条规定，违反本法规定，在广告中对食品质量作虚假宣传，欺骗消费者的，依照《中华人民共和国广告法》的规定给予处罚。违反本法规定，食品安全监督管理部门或者承担食品检验职责的机构、食品行业协会、消费者协会以广告或者其他形式向消费者推荐食品的，由有关主管部门没收违法所得，依法对直接负责的主管人员和其他直接责任人员给予记大过、降级或者撤职的处分。另外，根据刑法第231条，单位也可以成为本罪主体，可以单独对广告单位使用罚金刑罚，也可以对广告单位的主要负责人实施限制人身权利的刑罚。

5. 受贿罪

受贿罪是指卫生行政部门的管理人员利用职务上的便利，索取他人财物的，或者非法收受他人财物为他人谋取利益的行为。构成受贿罪必须符合下述条件：①在客体方面，其侵犯的客体是国家机关的正常活动，即正确执行食品卫生监督管理的一切活动。②在客观方面，具体表现为卫生行政部门的人员利用职务上的便利，索取申请卫生许可证的人员及其有关人员的财物或者非法收受财物为其谋取利益的行为，即违法颁发卫生许可证的行为。③在主体方面，必须是卫生行政部门的工作人员，即国家工作人员。④在主观方面，必须是卫生行政部门的工作人员的直接故意，而间接故意不构成受贿罪。根据《刑法》第386条规定，对犯受贿罪的处1年以上有期徒刑，数额巨大的处10年以上有期徒刑或者无期徒刑，情节特别严重的处死刑，并处没收财产。

6. 渎职罪

食品卫生监督管理人员滥用职权、玩忽职守、营私舞弊，造成重大事故，构成渎职罪。它必须具备下述条件：①犯罪主体只限于国家食品卫生监督管理人员。②犯罪侵害的客体，是国家对每个食品卫生监督管理人员职务的责任、要求及国家机关的正常活动。③行为人在客观方面，首先表现为不履行或者不正确履行职责，即玩忽职守，以致使公共财产和国家、人民利益遭受重大损失；第二表现为行使职权，违反法律规定，或者是超越权限行使职权即滥用职权；第三表现为为了私情或者私利而弄虚作假，即营私舞弊。构成渎职罪，还必须有造成重大事故的事实。根据《刑法》第397条规定，犯滥用职权或玩忽职守罪，处3年以下有期徒刑或者拘役，情节特别严重的，处3年以上7年以下有期徒刑；犯营私舞弊罪，处5年以下有期徒刑或者拘役，情节特别严重的，处5年以上10年以下有期徒刑。

二、服务或质量案焦点问题探析

宋心仿　高敦

发展养蜂生产，提高蜂产品质量，是所有生产者和消费者的一致要求，在全社会提倡明礼诚信之时，养蜂人更需要不断做好蜂产品的产前、产中、产后服务，提高蜂产品的质量和数量，满足广大消费者的需求。同时，养蜂人也是普通的消费者，也需要消费其他行业的产品和服务，如果出现产品质量和服务方面的问题，也需要用法律来维护自己的合法权益。

(一) 服务质量的界定

养蜂人既是生产经营者,又是消费者。首先,养蜂人必须保证自己生产的商品和服务符合质量要求。这里包含两层含义,一是作为养蜂生产经营者,应当保证其提供的蜂产品或蜂疗服务具备其应有的质量、性能、用途和有效期限;二是其广告、产品及服务说明、实物样品等,应当保证其实际质量与表明质量相吻合。其次,作为消费者,养蜂人与其他行业或单位、个人之间,同样存在着产品及服务质量问题,《中华人民共和国消费者权益保护法》(以下简称《消法》)规定,消费者在购买商品时,有安全保障权,知悉真情权、自主选择权、公平交易权、获得赔偿权、结社权、获得相关知识权、受尊重权、监督权9项权利。那么,与消费者的权利相对应,判断生产经营者是否履行了服务质量的标准,《消法》对此作了专门的规定,一是要履行法定的义务及约定义务;二是接受监督的义务;三是保证商品和服务安全的义务;四是提供真实信息的义务;五是表明真实名称和标记的义务;六是出具购物凭证或单据的义务;七是保证质量的义务;八是履行"三包"或其他责任的义务;九是不得单方做出对消费者不利规定的义务;十是不得侵犯消费者人格权的义务。用上述10条可以界定服务质量的好坏,也是判断生产经营者是否遵守《消法》的衡量标准。例如,第三条规定经营者有保证商品质量和服务安全的义务,《消法》第十八条对此作了明确界定:"经营者应当保证其提供的商品或服务符合保障人身、财产安全的要求。"可以看出,消费者购买商品或接受服务是为了满足个人生活消费需要,如人身健康、财产安全等,如因购买商品或接受服务而受到威胁或造成伤害,不仅需求无法满足,现有利益还受到损害,这完全违背了商品生产和交换的初衷,是一种违法行为。

(二) 产品质量的界定

产品质量指的是产品的适应性,即产品符合用户、消费者使用需求的特性总和。为了对产品质量进行公正、客观的评价,国家颁布的质量标准包括行业标准、国家标准、国际标准。同时,国家鼓励企业赶超国际先进水平,对不符合国家标准、行业标准的产品,禁止生产和销售。蜂产品包括蜂蜜、蜂王浆、蜂花粉、蜂蜡、蜂胶、蜂毒、蜂蛹、蜂幼虫及其加工制品,它的质量也要符合特定消费者对蜂产品质量的要求。我国《养蜂管理规定》第十九条明确规定:"蜂产品的生产、收购、加工和销售,必须符合有关规定,

第四章　养蜂涉法维权实例

保证质量，防止污染；蜂产品严禁掺杂造假、粗制滥造或用腐败变质的原料加工制品。"第二十一条规定："任何单位或个人，经营蜂药、巢础或蜜蜂配合饲料，必须保证质量。"可以看出，无论《产品质量法》，还是《养蜂管理规定》都明确规定了产品必须有好的质量，这是对生产经营者最起码的要求。生产经营者要对自己的产品质量具体做到以下几点。

①不存在危及人身、财产安全的危险，有国家标准、行业标准的应当符合该标准。

②具备产品本应具备的使用性能，并对产品存在的瑕疵做出明示。

③符合在产品或者其包装上注明采用的产品标准，符合产品说明、实物样品的方式表明的质量状况。鉴此，养蜂人界定其他生产者产品质量时也可以用上述3个标准，对不符合产品或服务质量的生产经营者提出要求或进行监督。同时自身做为生产经营者也要保证蜂产品质量，按照相关要求进行生产和经营，以便获得广大消费者的信任。

（三）如何依法挽回损失

当养蜂人作为消费者，与生产或经营者发生消费权益争议时，可以通过下列途径解决：①与生产经营者协商解决；②请求消费者协会调解；③向有关行政部门申诉；④提请仲裁机构仲裁；⑤向人民法院提起诉讼，甚至要求同时承担民事责任、行政责任和刑事责任，这里仅说明一下民事责任。

具体讲来，经营者承担普通的民事责任有下列八种情形：一是商品本身存在缺陷的；二是"三包"责任；三是邮购商品的民事责任；四是预收款方式提供商品或服务的责任；五是商品不合格时的责任；六是人身伤害的民事责任；七是侵犯消费者人格尊严、人身自由的民事责任；八是造成消费者财产损害的民事责任。上述情形承担的是普通的民事责任，具体的赔偿方法却是不尽相同。例如，法律规定，对于"三包"的大件商品，消费者要求经营者修理、更换、退货的，经营者应当承担运输等合理费用。这个问题往往会产生争议，经营者只同意由商品引起的费用，对于其他费用不予认可，事实上消费者相对经营者来说处于弱势地位，为此而发生的合理的运输费用应该由生产经营者承担。

值得养蜂人注意的是，《消法》第四十九条，"经营者提供商品或者服务有欺诈行为的，应当按照消费者的要求增加赔偿其受到的损失，增加赔偿的金额不得低于消费者购买商品的价款或者接受服务的费用的1倍"。养蜂人作为生产经营者，需保证蜂产品的质量，否则，消费者有权要求赔偿或提出其他合法要求；作为消费者，养蜂人也要运用法律武器维护自己的合法权益，依法追究给自己造成伤害的不法经营者的责任和经济赔偿。

第六节 交通安全涉法实例分析

一、养蜂人如何避免及应对交通事故

王秀红　陈黎红　王建梅

春暖花开，养蜂人带着满车的蜂群转地运输，开始了一年的养蜂生产，在频繁的转运过程中，如何避免交通事故，不幸发生交通事故后，应如何处理，根据我们了解的情况，建议养蜂人注意如下几点事项。

（一）遵守交通法规，避免交通事故

长期以来，各地蜂农经常来电来访，向我诉说蜂车不让坐人的苦衷，交通法中规定人货不能混装，养蜂者总是习惯在蜂箱装车时留一小块地方，全家人都坐在运蜂车上，这样虽然可以节约一点车费，但是却非常危险，甚至危及人命。

为了保证养蜂员及蜜蜂的安全，我们建议在转地时避免人货混装，蜂农应租用正规运输公司双排货车，驾驶室内可以同坐 1~2 人，其他人乘坐客车；按照法律规定，不超载。按照我国的养蜂方式，每户蜂群数量一般在 200 群以内，常有养蜂户为了节省运费，几家拼车转运，造成超载现象是事故的主要原因之一；养蜂者作为货主要严格监督司机不要疲劳驾驶和酒后驾驶。

蜂农应该理解国家交通法规规定是出于保护公民的人身安全，每年有很多蜂友来电来人寻求帮助，咨询交通事故人身损害赔偿的相关问题。每年都有几例运蜂车特别严重的交通事故，例如，2005 年 8 月中旬从西宁驶往湖北、江西的一辆蜂车因疲劳驾驶，造成蜂车倾覆，1 人死亡 7 人受伤；2005 年 8 月柳忠高速公路上，因为弯急路滑，一辆重载运蜂车因超载突然失控，从公路上翻下，造成 1 人死亡 8 人受伤；2006 年 8 月，甘肃省武都一辆运蜂车在急速掉头时冲下了 8 米高的河堤，掉入河床，造成 1 死 4 伤；2004 年 8 月 1 日，位于甘肃省境内 109 国道 1 788 公里处，一辆满载 300 多个蜂箱的康明斯大货车翻入国道边的玉米地里。蜜蜂破箱而出，车上 11 人被压在车底，其中 3 人当场死亡。每个事故都是一个惨痛教训。其实有些事故是可以

避免的，假如车辆没有超载，假如车上少坐几个人，他们或许就可以避免事故的发生。养蜂人常年奔波在外不容易，我们在转运途中一定要遵守交通法规，保障自己及家人的人身安全。

（二）遇到交通事故如何处理

1. 交通事故的处理程序

《道路交通安全法》规定交通事故由事故发生地公安机关交通管理部门负责处理。发生交通事故造成人员受伤或者死亡的，当事人应当拨打110报警，拨打120或者999寻求急救，并且保护好现场。

公安机关交通管理部门接警后，应迅速赶赴现场进行调查、勘验，并根据当事人的过错对发生交通事故所起的作用以及过错的严重程度，出具《责任认定书》，确定当事人责任大小。

当事人可以协商解决交通事故损害赔偿事宜，协商不成的，当事人可以请求公安机关交通管理部门调解，也可以直接向当地人民法院提起诉讼。

2. 人身损害赔偿的范围

最高人民法院《关于审理人身损害赔偿案件适用法律若干问题的解释》规定受害人遭受人身损害，因就医治疗支出的各项费用以及因误工减少的收入，包括医疗费、误工费、护理费、交通费、住宿费、住院伙食补助费、必要的营养费，赔偿义务人应当予以赔偿；受害人因伤致残的，其因增加生活上需要所支出的必要费用以及因丧失劳动能力导致的收入损失，包括残疾赔偿金、残疾辅助器具费、被扶养人生活费，以及因康复护理、继续治疗实际发生的必要的康复费、护理费、后续治疗费，赔偿义务人也应当予以赔偿；受害人死亡的还应当赔偿丧葬费、被扶养人生活费、死亡补偿费以及受害人亲属办理丧葬事宜支出的交通费、住宿费等合理费用。

3. 残疾赔偿金和死亡补偿费的确定

医疗费、误工费、护理费、交通费、住宿费、住院伙食补助费、必要的营养费等费用由医疗机构等单位出具的票据、证明等作为依据。

根据《关于审理人身损害赔偿案件适用法律若干问题的解释》的规定：残疾赔偿金根据受害人丧失劳动能力程度或者伤残等级，按照受诉法院所在地上一年度城镇居民人均可支配收入或者农村居民人均纯收入标准，自定残之日起按20年计算。

蜂业维权指南

二、蜂农随车押运符合必要性和合理性的法制原则

李易谷

近几年公路运输开展超限整治工作,因而蜂农随车押运被全国各地交警人货混装罚款的现象频频发生。尤其 2007 年 3 月 18 日,辽宁省蜂农从四川省运蜂到河南省途经陕南安康市,被交警罚款 200 元,第二天途经旬阳县又被交警罚款 1 800 元。旬阳县距安康市 100 多千米并属该市管辖。一天之内蜂车遭人货混装两次罚款,是违反《中华人民共和国行政处罚法》第二十四条"对当事人的同一违法行为,不得给予两次以上罚款的行政处罚"规定。

据笔者所知,2007 年 3~5 月,蜂车在各地遭交警人货混装处以 100~1 800 元罚款,至少有 1 000 多车次遭到不同程度的罚款,虽然交警是以驾驶员违章名义处以罚款的,事实上是由蜂农押运引起的,故蜂农从良心上得承担责任而主动交罚款,以免蜂车被扣延误行程,或者滞留时间久造成蜜蜂窒息死亡。尚对各地交警随意拦截过往蜂车处以人货混装罚款现象蔓延,得不到有关部门重视而予以纠正的话,我国养蜂业主力军的转地养蜂生产者便寸步难行。

就蜂农随车押运遭人货混装罚款现象日趋严重的问题,去年 3 月,笔者在重庆参加中国养蜂学会换届选举大会时,草拟了《农业部交通部公安部关于做好蜜蜂运输工作的规定》建议稿,呈送赴会农业部相关领导。当年 5 月底笔者到农业部,热情接待笔者的相关领导说:"看了你的建议稿,法律专家为蜂农人身安全着想,他们认为除驾驶室可坐蜂农押车外,其余蜂农还是坐客车赶赴下一个放蜂场地更安全"。为此,笔者拟写了养蜂行业特殊性,来阐述制定有关蜜蜂运输规章的必要性和合理性的信寄给农业部相关领导。

由于蜜蜂有蜇人特点,即使蜂农花钱雇人,也没有人敢装卸蜜蜂,故装卸蜜蜂工作必须由蜂农自己承担。同时运蜂途中,蜂农还要做好蜂群通风、喷水降温及途中放蜂管理工作。尤其蜂车途中发生故障或交通事故,都得由蜂农采取相应管理措施来避免更大损失的发生。而一二名蜂农则无力救护蜂群,否则蜜蜂蜇伤过往行人更容易造成交通堵塞。

由于我国养蜂业都是家庭经营,故运蜂目的地即放蜂场地是不确定的,可能预定放蜂场地被人占去或者蜜源发生变化,就得几十至几百公里开着蜂车寻找放蜂场地,那么乘坐客车的徒工能否找到雇主蜂场卸车?何况运距都

在几百上千千米，甚至几千千米，如从陕西延安运蜂到新疆塔城采油菜有3 000多千米，途中得放几次蜂采水，徒工得换乘几次客车，还能找到雇主蜂场吗？正因为养蜂生产需要，所以，蜂农运蜂时宁愿被罚款，也不会让徒工坐客车。

蜂农随车押运至今50余年，是符合《中华人民共和国交通安全法》第五十条第二款"货运机动车需要附载作业人员的规定"，并做到"应当设置保护作业人员的安全措施"的，该款正是考虑到某些货运工作特殊性，是考虑到社会生产实践才设立的，实属法律另有规定的条款。笔者1965年春天开始养蜂至今，未听见随车押运蜂农在车厢里摔伤摔死事件发生，造成蜂农伤亡的交通事故，都因驾驶员违章而发生碰撞或者刹车失灵翻车导致。众所周知，我国每年死亡交通事故10万人，相当于一个小国在地球上消失，但不能否认交通运输在现代社会的作用。近10年客运汽车死亡十几人的特大交通事故累累发生，岂能以旅客人身安全为由来禁止客运汽车行驶？

综上所述，以蜂农人身安全为由来否认蜂农随车押运的必要性和合理性，正是对养蜂行业特殊性缺乏了解的结果。因此，为贯彻《中华人民共和国畜牧法》（以下简称《畜牧业》）第四十七条"国家鼓励发展养蜂业，维护养蜂生产者的合法权益"的方针，并促使执法部门履行《畜牧法》第四十九条"养蜂生产者转地放蜂时，当地公安、交通运输、畜牧兽医等有部门应当为其提供必要的便利"的法定义务，有关部门应尽快制定好蜜蜂运输工作的相关规章，以此促使我国养蜂业得到健康发展，以便发挥无偿为全国各地农业服务作出贡献的广大蜂农积极性，推进养蜂促农的显著社会效益来构建和谐社会实现。

第七节　蜜蜂伤人实例分析

一、蜜蜂造成损害应减免养蜂者民事责任
——学习《侵权责任法》动物损害条款的体会

李易谷

2011年元旦对年过七旬的我来说是难忘的一天。这天上午我走进新华书店，来到陈列法律法规的书架边，不经意地取出法律出版社的注解版《中华人民共和国侵权责任法》一书（以下简称《侵权责任法》），在浏览目录时看到第十章"饲养动物损害责任"时，一直关注饲养动物损害民事

责任的我，迫不及待翻到第 140 页，《侵权责任法》第七十八条规定"饲养的动物造成他人损害的，动物饲养人或者受理人应当承担侵权责任，但能够证明损害时被侵权人故意或者重大过失造成的，可以不承担或者减轻责任"，虽然该条将《民法通则》"民事责任"改成"侵权责任"，但同《民法通则》第 127 条饲养动物损害表述内容有不同，而《民法通则》饲养动物损害表述笼统而仅有一条，可《侵权责任法》根据饲养动物不同种类和不同空间场所造成伤害，制定了 7 条有关动物损害的条款，尤其是编写者在"法律术语"中指出"饲养的动物，是指人工喂养、放养和管束的动物，既包括家畜、家禽，也包括驯养的野兽，但不包括昆虫和微生物"。编写者在阐述该条文注解后，在"实用问答"中"对饲养的动物应当如何理解"作了进一步陈述，最后明确指出："但需要注意的是，饲养的动物不包括昆虫和微生物"。可见《侵权责任法》制定和实施，是我国法制建设贯彻科学发展观的体现。

于是我如获至宝买了两本《侵权责任法》，同时将此信息给全国各地蜂友和主管蜂业负责同志发出 160 条短信，并建议他们购买注解版《侵权责任法》来维护广大蜂农合法权益。注解版《侵权责任法》由法律出版社于 2010 年 3 月出版，王竹编写，每册定价 26 元，可在当地新华书店购买，单行本作用有限。

20 年维权经历使我深感困扰和侵害蜂农权益有两大难题，一是蜂农随车押运常遭交警罚款，二是以蜂螫为由敲诈蜂农现象日趋严重。但是近 10 年随着新的法律法规相继出台实施，使蜂农随车押运有了法律依据来维护自身的合法权益。由于蜜蜂螫人习性，故转运蜂场都得蜂农装卸车；同时运途还得做好蜂群通风喷水等管理工作，因此，蜂农随车押运符合《中华人民共和国道路交通安全法》第五十条第二款"货运机动车需要附载作业人员"同时蜂农押运应做好该条款"应当设置保护作业人员的安全措施"之规定；若交警随意拦截过往蜂车而滞留，是违反《中华人民共和国农业法》第二十八条"不得扣押鲜活农产品的运输工具"的规定；若以客货混装或者超员对蜂农处以罚款，是触犯《中华人民共和国畜牧法》第四十九条"养蜂生产者在转地放蜂时，当地公安、交通运输、畜牧兽医等有关部门应当为其提供必要的便利"而不履行法定义务的失职行为。

近 20 年来，以蜂螫为由对无辜蜂场主敲诈几千几万元的事件屡屡发生，致使蜂场主负债累累，甚至破产改行。2005 年 6 月下旬江西省万年县一蜂农运蜂途径辽宁省凌海县沈家台大碾村时，因路面坑坑洼洼行车慢，时值上

第四章 养蜂涉法维权实例

午10时气温高,飞出蜂箱蜜蜂先后蜇伤过路拉车毛驴及赶车人。运蜂车被人拦截只得就地卸车放蜂,蜂场主将被蜇伤赶车人及时送往医院治疗。可治愈出院赶车人纠集众亲友向蜂场主索赔3万元,并声称有后遗症而不准蜂场主搬走蜂场。不堪重负蜂场主只得舍弃146箱蜂蜜及蜂具等财产,痛哭流涕逃离火坑,以免人身遭到伤害。

浙江省宁波市镇海区张蜂友1972年开始外出养蜂。20世纪90年代因运蜂等生产成本急剧上涨而蜂王浆收购价低,结果蜂场亏损几年的张蜂友于1996年定地养蜂而改行种植花卉苗木,张蜂友原有120箱蜜蜂只剩下十几箱了。2002年5月31日下午邻居张某某发现自家猪跑出猪圈往回赶时,奔跑中猪闯入张蜂友的蜂场撞翻两箱蜜蜂而遭蜜蜂围攻,救猪心切的张某某不顾自己安危前往闯祸猪旁用塑料薄膜驱赶蜜蜂,于是遭由于强烈侵扰而被激怒的蜜蜂的围攻,挨蜂蜇的张某某才走进附近厕所躲避蜜蜂攻击。一邻居发现厕所内张某某被蜂蜇情况,便找张蜂友解救。当张蜂友和邻居前来解救时,才发现走出厕所几十米的张某某倒在通往住宅弄堂边,于是将张某某送往医院抢救但无效死亡。正当村民围观干警在现场调查时,一位从几百里外天台县到镇海区走亲戚的70多岁老太太,将她目睹张某某家猪撞翻蜂箱及救猪主人挨蜂蜇的情形讲了出来,使议论纷纷的人们得知猪闯祸而救猪的张某某送了命的真相。虽然张蜂友对张某某死亡没有过错,但在干警村干部劝说下,出于人道良知的张蜂友给死者家属支付5 000元丧葬费。不满足的死者家属向镇海区法院法院提起了索赔7万多元诉讼。一审法院依据《民法通则》第一百二十七条"由于受害人的过错造成损害的,动物饲养人或者管理人不承担民事责任"之规定,驳回死者家属的诉讼请求。不服一审判决的死者家属向宁波市中级法院提起上诉,因怕惹是生非的天台县老太太离开镇海区回了家,也不愿接受法官调查取证,因而中院对老太太向众人讲述闯祸猪送掉主人命的证言不予采信,以死者无过错推定蜂场主有过错的民事责任,判令张蜂友赔偿死者家属71 860元及诉讼费3 077元,这对养蜂者张蜂友来说是冤案。

浙江省江山市青年蜂农周蜂友等人,2003年5月中旬运蜂到黑龙江省尚志市亚布力林业局宝山林场繁蜂采椴树蜜。6月16日15时许几辆运玉米马车途经蜂场,行驶在前头的王某马车过河上岸时,将周蜂友放在道旁蜂群碰翻11个高箱,致使后面赶马车的刘某遭到蜜蜂围攻。刘某驾车前行几十米竟弃车躲进周蜂友蜂场帐篷,结果刘某马车往路旁逃离时撞翻周蜂友4箱蜜蜂而招来更多蜜蜂攻击。由于车主不肯救助马匹,致使夹在两棵树中的马车动弹不得，马匹被蜂群围攻，几小时后死亡。第二天，死马主人刘某将周蜂友等人告上法庭，索赔6 000元。受理此案的亚布力林区法院于6月18日将诉状副本送达周蜂友等人时，还扣押两蜂场主价值1万元的20箱蜜蜂作为诉讼保金。

7月初，我到亚布力林区得知蜂蜇马索赔案后，便到两蜂场了解详情和绘制案发现场示意图，随后到林区法院，向民事庭法官陈述了对蜂蜇马案的意见，同时指出久拖不决会对追花夺蜜的蜂场主造成损失的严重后果。7月10日我同民事法庭庭长交换意见时，杜庭长将从互联网上下载打印出央视国际2003年4月23日13：25"今日说法"的《蜜蜂惹命案》资料给我看。养蜂30年而在全国各地为成千上万蜂农义务维权十几年的我，看后深感浙江省宁波市镇海区猪蜂命案的终审判决是冤案，而冤案经媒体传播所产生的负面影响是令人震惊的。

众所周知，饲养蜜蜂既不像狮虎等猛兽经驯化可以表演节目，也不像毒蛇可圈养取毒为人类治病，所以，既不能驯化又无法管束的蜜蜂造成他人损害是不可抗拒的，因此，应该减免养蜂人的民事责任，是符合客观事实和生物科学规律的。何况在广大农村"蛇咬人、蜂蜇人"是尽人皆知的，所以，防范蜂蜇是每个人的义务。饲养动物造成损害，是依据饲养人是否履行控制管束的义务来追究民事责任的。若养蜂人为避免蜂蜇人畜带来祸害，整天关闭蜂箱巢门不让蜜蜂出巢活动，那么现代养蜂业将不复存在。我国每年死于交通事故近10万人，岂能否认交通运输在现代社会中的作用？可见注解版《侵权责任法》编写者"饲养动物不包括昆虫"阐述，是符合生物科学规律的客观事实，更是司法实践成果的体现。

我的意见和提供蜂农案例，得到亚布力林区金副院长和杜庭长的重视。他们深入蜂场实地调查后，不顾劳累饥饿赶往原告处做工作，在双休日召集双方进行调解，由蜂农给原告500元补偿，才了结开庭3次未果的蜂蜇马连环案。令人欣喜的是，2005年7月我到亚布力林区宝山林场养蜂户李某某家时，他高兴地对我说："多亏你使蜂蜇马连环案得到合理解决，使我从中获益。"原来2004年李某某饲养蜜蜂蜇死了邻居马，他表示死马肉卖掉后所损失1 000元可给予赔偿。可邻居向亚布力林区提起索赔3 000元诉讼，结果法院按蜂蜇马连环案方式进行调解，李文福赔偿1 000元。

维护全国蜂农合法权益，是贯彻落实中央领导对发展养蜂业做出批示的重要措施。虽然《侵权责任法》就饲养动物损害制定7条条款，法学学者也明确指出"饲养动物不包括昆虫"；可对"饲养蜜蜂造成他人损害，如何认定养蜂人的侵权民事责任"至今未有明确法规作为依据进行判案。因此，全国蜂农期待最高人民法院来纠正张蜂友冤案并作出司法解释，以此减免养蜂人侵权民事责任，避免不法之徒的敲诈勒索，以便维护出外谋生蜂农弱势群体的合法权益；或者在今后国家制定《养蜂生产管理条例》行政法规时，明确规定："饲养蜂蜜既不可驯化，也无法管束，对其造成他人损害是不可抗的，应该减免养蜂人的侵权民事责任。由于受害人的过错造成损害的，养蜂人不承担侵权民事责任；受害人无过错遭到损害的，按公平原则由养蜂人承担部分民事责任。"

二、蜜蜂伤人的法律责任与防范

凌国良

随着我国养蜂业不断发展，蜜蜂蜇伤人的事件有所增加，常常造成一些法律纠纷，给养蜂人带来诸多法律困惑。

2007年5月12日，山东李先生在游玩时被蜜蜂蜇伤眼睛和耳朵，共花医疗费860元。后李先生找到在此放蜂的养蜂人王先生要求赔偿医疗费等经济损失，王先生以肯定是李先生先惹了蜜蜂为由拒绝赔偿。李先生遂将王先生告上法庭。法院审理认为，被告人王先生饲养的蜜蜂蜇伤原告李先生，给李先生造成的损失应当由王先生承担。李先生作为成年人，明知蜜蜂会蜇人，却不注意自身安全，亦有责任。经法官主持，双方最终达成调解协议，由养蜂人王先生承担主要责任，李先生承担次要责任。

对于此类事件，我国《民法通则》第127条规定："饲养动物造成他人损害的，动物饲养人或者管理人应当承担民事责任；由于受害人的过错造成损害的，动物饲养人或者管理人不承担民事责任；由于第三人的过错造成损害的，第三人应当承担民事责任。"根据该规定，在没有特殊原因的情况下，蜜蜂蜇伤了他人或他人的牲畜，给他人造成人身损害或经济损失的，养蜂人应承当民事责任，赔偿经济损失。但是，该伤害或损失的产生是因为第三人自身原因造成的，如第三人不听养蜂人的劝阻，擅自走进蜂场、干扰蜂群、踢踏蜂箱等导致自己或他人被蜜蜂围攻致伤或者致死的，该第三人应当承担民事责任，养蜂人可根据情节，不承担或少承担民事责任。

蜜蜂伤人致使他人人身伤害或财产损失的，具体赔偿项目主要包括医疗费；因误工减少的收入；残疾者生活补助费等项费用；造成死亡的，还应支付丧葬费；死者生前赡养人必要的生活费用；受伤害人住院期间护理者的护理费和伙食补助费用等。

由于蜜蜂具有自卫特性，蜜蜂伤人事件，在一定程度上并不是养蜂人的意志能控制的。但是，养蜂人完全可以也应当采取一些必要的防护措施和警示方法，谨慎避免或减少蜜蜂伤人事件，尽量避免或减轻因蜜蜂伤人而造成的责任和损失。例如，在蜂场周围树立警示标志，提醒路人该区域为蜂场；外出放蜂时，要尽量选择人员稀少的地方，并在周围放置警示标志等。采取了相应的警示和防护措施后，即便发生类似伤人事件，养蜂人也可以尽到了防范责任为由，而要求免除或减轻责任。

第八节 其他涉法实例分析

一、行政处罚案的复议与诉讼

宋心仿　高敦

养蜂人在生产经营中不可避免会遇到来自工商管理部门、公安机关等行政部门的行政处罚，这些处罚有的是因为养蜂人存在过错，但也不能排除会发生错误的行政处罚，那么如何分析、判断行政处罚的对错？如何主张和维护自己的正当权利呢？针对这一问题简要介绍如下。

（一）行政处罚对、错的界定

行政处罚是享有行政处罚权的行政机关或法律法规授权的组织，对于违反行政法律法规的单位或个人，依法实施警告、罚款、没收违法所得、责令停产停业、暂扣或者吊销许可证、暂扣或者吊销执照、行政拘留等制裁措施。

在受到行政处罚时，如何判断是否正确？关键应把握"三看"。

一看：主体是否合格，有权行使行政处罚的只能是具有一定执法权力的行政主管部门，例如，工商行政部门、公安部门、税务部门、检疫部门等，其他部门无权对养蜂人实施行政处罚，因为行政处罚主体不对，不能形成行政处罚。

二看：行政处罚是否符合行政处罚的基本原则，这一原则是指行政处罚必须严格依据法律规定进行，它是行政活动合法性要求的具体体现，因为行政处罚是实施行政管理目标的重要手段，能有效地维护社会公共管理秩序，同时，它又对当事人的权益带来一定影响，如果行使错误会给当事人带来极大的损害，因此，法律规定，实施行政处罚必须在法律的严格控制之下。

第四章 养蜂涉法维权实例

三看：是否符合有关程序，《中华人民共和国行政处罚法》除确定了处罚法定原则外，还规定有处罚的公正、公开原则，一事不再罚原则，处罚与教育相结合原则，保障权利原则。

若一个行政处罚违反上述任何一个原则，做出的处罚都是不合法的。例如，一事不再罚原则是指针对行政处罚当事人的一个违法行为，不能给予多次处罚，它的含义是针对一个违法行为，不能给予两次或两次以上的同一种类的行政处罚，否则就有失公正；若既有行政处罚，又有刑罚，应采取折抵竞合方法。养蜂人在被行政机关做出处罚时，可通过上述对"三看"的解释，界定行政处罚的正确与否。

（二）如何进行行政复议

养蜂人在被行政处罚后，如果不服行政处罚决定，可以采取行政复议来寻求救助。行政复议是指公民、法人或其他组织认为行政机关的具体行政行为侵犯其合法权益，按照法定的程序和条件，可向该机关的上一级行政机关或者法定机关提出复议申请，由受理申请的行政机关对该具体行政行为进行复查并做出复议决定。由此可见，行政复议其实是行政机关内部解决行政争议的一种方式，行政复议的主要宗旨应该是保护公民、法人或其他组织的合法权益。因此说，行政复议是一种行政司法行为。

养蜂人如何具体地进行行政复议程序呢？首先应该知道行政复议实行的是"不告不理"的原则，复议机关不会主动复议，您如果认为有必要把事情搞清楚，就应该勇敢地向作出处罚的上一级机关提出复议申请，主动运用复议这一方式维护自己的合法权益。在复议申请时，要注意以下3个条件。

①符合一般的条件，例如，申请人必须拥有合法资格，有明确的被申请人，有具体的复议请求，属于复议范围和受理复议机关管辖等；

②申请时效须注意，一般时效是60天，特殊时效只有超过60天的才有效；

③形式条件，就是复议得写书面复议申请书。正常情况下，行政复议必须经过受理—审理—决定—执行4个阶段。

在受理阶段，养蜂人应注意，如不服不予受理的裁决，可采取两种途径。

①将情况向复议机关的上一级行政机关反映；

②接到裁定书之日起15日内向人民法院起诉。

在审理阶段，养蜂人要明确，行政复议证据具有特殊性，表现在被申请人对具体行政行为负举证责任，证明要求集中在被申请人的具体行政行为的合法性和适当性上，被申请人还不得自行向申请人和其他有关组织收集证据。

在决定阶段，养蜂人应理解，行政赔偿可以进行调解。养蜂人还应明确，行政复议决定书制作完成并加盖公章后，应立即送达当事人，复议决定书一经送达即发生法律效力。申请人对复议决定不服的，可以在收到复议决定书之日起15日内，向人民法院提起行政诉讼。如果申请人逾期不起诉又不履行复议决定，行政机关有权强制执行，也可申请人民法院予以强制执行。

（三）如何进行行政诉讼

如果养蜂人不服复议决定书，为维护自己的合法权益，在法定的时间内可以向具体行政处罚实施地法院起诉，即提起行政诉讼。

行政诉讼是人民法院应公民、法人或其他组织的请求，通过审查行政行为合法性的方式，来解决特定范围内行政争议的活动。

《中华人民共和国行政诉讼法》第11条规定了行政诉讼具体的受案范围，行政诉讼的提起有两种途径，一是直接提起；另一种是对行政复议不服，在法定的时间内提起。行政诉讼与民事诉讼一审程序大致相同，但也有明显的区别，如行政案件审理时须组成合议庭，民事诉讼的简易程序则实行独任审理。

养蜂人在行政案件中注意两个问题：一个问题是申请撤诉，行政诉讼中申请撤回诉讼的比例很高，原因是某些行政机关在涉诉后，对原告施加压力，迫使原告不得不撤诉；再是行政机关在诉讼中对自己业已做出的被诉具体行政行为认真审查后，发现错误，并及时撤销或变更了原来的行政行为。

另一个问题是行政赔偿诉讼和附带民事诉讼可以进行调解，养蜂人可以就损失额的大小与赔偿数额与做出具体行政行为的行政机关进行调解，但法院不能以调解方式结案。

总之，对于行政案件，养蜂人要有信心，虽然行政机关与复议机关有隶属关系，但在法律面前是平等的，只要有理有据，相信您的合法权益一定会得到维护。

二、收治安管理费是否合法

蔡 迪

案情：倪先生是湖南省新宁县人，2007年4月在江苏省滨海县蔡桥镇放蜂，蔡桥镇治安联防队向他收取50元治安管理费（原规定每箱1元）。倪先生以违反行政政策为由，提出收费是否合法的质疑。

本事件滨海镇治安联防队对倪先生的行为是行政征收行为，我国规定行政和事业交费义务是社会成员获得国家提供行政管理服务权利、公共事业服务权利和国有自然资源使用权的条件。任何税费征收都应当依照法律的规定，并按照法律规定的权限、条件、税率、费率，依法定的程序向符合条件、负有法定义务的人征收。根据对现行法律和司法解释的理解，一般的具体行政行为合法应当主要用以下标准来衡量，行政主体认定事实清楚，证据确凿充分，符合法定程序，适用法律法规正确。行政机关采取的具体行政行为符合以上条件就是合法的，将得到司法审查机关或行政复议机关的支持。否则就构成违法，将被撤销、变更。现结合行政行为合法性的五项标准对本事件的问题发表个人看法。

（一）治安大队是否为合法的行为主体

只有合法行政主体作出的行政行为才是合法的行政行为。这就要求行为人应具备行政主体资格。这里的资格，是指能够以自己的名义实施行政行为，并能够独立承担相应的法律效果。在本事件中，镇治安联防队是否为合法的行为主体主要是看其是否具有合法身份。治安联防队如果是县公安局的派出机构，虽然它不是一级行政机关，但是它根据授权法律的规定仍然有特定的行政管理权，它有权对本辖区的治安工作和与治安有关的事务进行管理。只不过，其所作出的法律效果应当由产生它的县公安局承担。另外，实施收费的公职人员应当具有合法的身份，通过授权或委托取得实施行为的资格。本事件的收取治安管理人员是否为合法的行政人员，应当看其出具的相关证明，如工作证件等。

（二）是否有确凿的事实依据

这一要件的直接意义是要求行政决定应当以事实为依据，有确实可靠的证据。做出行政决定首先要有事实，即存在需要行使行政职权的客观事实。

没有事实不能行使权利，没有充分的证据就是违法行使行政权利。事实应当是确实充分的，只有事实还不够，事实必须是客观、合法的和与行政决定相关的。在诉讼中，若法院认为证据不够，法院有权组织收集证据和组织证据的鉴定。经过取证和鉴定，法院确定行政机关所依据的证据不充分、不可靠，就可以判决行政机关败诉。本事件中，镇治安联防队在做出征收治安费的决定时是否对事实已有准确的认定是决定征收合法的条件。而且治安联防队认定事实的证据也应当是客观的、合法的、与行政决定相关的。

（三）行政征收治安费的权限是否合法

行政行为必须是在行政主体法定权限内所作的行为，也就是说，行政主体必须在自己的事务管辖权、地域管辖和级别管辖权、手段选择权的范围内做出行政行为，被授权组织必须在授权范围内，被委托组织必须在委托范围内做出行政行为。结合本事件，镇治安联防队的治安费应当在县公安分局赋予的权限内的征收，不能超越授权部门授予的权限，并且在执法时应当出示授权委托书，否则是违法征收。

值得注意的是，治安联防队按每箱1元的标准索要费用后，倪先生以收成不好为由请求少收，结果治安大队收了50元。执法者实施征收时，没有明确的标准，经常改变自己的主张和决定；而且收成的好坏不能决定征收的数额，而是征收行为的法外因素。笔者认为治安费的征收带有相当大的随意性，治安联防队的实施征收行为存在滥用职权的情形。

（四）行政行为是否正确适用法律法规

行政行为在做出之前务必要掌握有确凿的事实依据，满足"以事实为依据"；在执法内容上还要符合法律的规定，实现"以法律为准绳"。行政行为确定的权利义务应当有法律依据，或者不与法律规定相抵触。本事件中，拥有治安费征收权的治安联防队与征收对象倪先生形成的行政法律关系必须是法律所规定的。镇治安联防队应当适用现行有效的法律法规来进行收费。这项标准要求治安联防队执法者不能误解法律条文的含义和曲解立法意图或背离法律的宗旨、原则。例如，确定征收对象、征收手段、征收数额等都应当依据相关法律的明文规定。

（五）征收治安费是否符合法定程序

只有符合法定程序的行政行为才是合法的。这就要求行政行为既要符合

第四章 养蜂涉法维权实例

行政程序的基本原则（如先取证、查明事实，后裁决、做出处理决定的顺序等），又要符合行政程序的制度（如听证制度、说明理由制度等）。当事人的程序权利必须得到满足，即当事人的了解权、陈述权和申辩权必须得到行政机关的尊重，假若行政机关违反法律规定的行政程序，行政行为无效。本事件中，治安联防队的征收行为假若违反法律所规定的程序，比如先做出收取治安费的决定后取证查明事实，此征收行为就是违法的。

最后，如何应对不利的行政后果是行政相对人最为关心的问题。我国行政诉讼法第五条规定："人民法院审理行政案件对具体行政行为是否合法进行审查"。行政复议法规定："公民、法人或其他组织认为具体行政行为侵犯其合法权利，向行政机关提出行政复议申请，行政机关受理行政复议申请、做出行政复议决定，适用本法"。具本来说，争议的行政行为一旦做出后即成立并且是生效的，但是它的有效性必须经过人民法院审判或有权行政机关复议后才能得到确定。如果当事人认为行政机关的行政行为侵害自己的合法权利，可以用以上行政合法性的五项标准来初步衡量。当事人可以向行政部门提出复议，也可以向人民法院提起诉讼。案件受理后，当事人有义务向司法审查部门说明真实情况，并且提供相关证据，积极的参与诉讼。司法审查部门根据以上五项标准进行审查，若有证据证明五项标准中有一项非法，那么就可以判定此行政行为是违法的，或撤销，或变更。

主要参考文献

[1] GB 14963—2011，食品国家安全标准 蜂蜜 [S]．北京：中国标准出版社，2011．

[2] GH/T 18796—2012，蜂蜜 [S]．北京：中国标准出版社，2012．

[3] GB/T 24283—2009，蜂胶 [S]．北京：中国标准出版社，2009．

[4] GB 9697—2008，蜂王浆 [S]．北京：中国标准出版社，2008．

[5] GB/T 21532—2008，蜂王浆冻干粉 [S]．北京：中国标准出版社，2008．

[6] GH/T 1014—1999，蜂花粉 [S]．北京：中国标准出版社，1999．

[7] GB/T 24314—2009，蜂蜡 [S]．北京：中国标准出版社，2009．

[8] 李易谷．呼吁有关部门关注蜜蜂农药中毒问题 [J]．中国蜂业，2009，7：38-39．

[9] 胡元强．蜜蜂中毒索赔案焦点问题探析 [J]．中国蜂业，2005，1：39-40．

[10] 王俊辉．受损蜂群价值评估应注意的几个问题 [J]．中国蜂业，2001，10：29．

[11] 李易谷．大丰市重视蜜蜂农药中毒案的调解工作 [J]．中国蜂业，2006，1：33．

[12] 李旭．养蜂者应该注意回避意外风险 [J]．中国蜂业，2005，11：36-37．

[13] 宋心仿．对"盗蜂"诉讼案的思考 [J]．中国蜂业，2005，12：29-30．

[14] 曾龙华，杨灯云．养蜂人的官司打赢了 [J]．中国蜂业，2008，1：31．

[15] 白景和．用法律武器保护自己的合法权益 [J]．中国蜂业，2008，7：42．

[16] 王秀红. 养蜂法律问题解答 [J]. 中国蜂业, 2009, 11: 42.
[17] 李易谷. 挤占场地引发毒蜂案的教训 [J]. 中国蜂业, 2011, 10: 33.
[18] 宋心仿. 不法侵害案焦点问题探析 [J]. 中国蜂业, 2005, 2: 41-42.
[19] 李易谷. 蜂农在莫力达瓦旗遭地痞团伙敲诈殴打致伤案得到查处 [J]. 中国蜂业, 2007, 11: 38.
[20] 蔡迪. 浅析蜂农因政府拆迁遇到的法律问题 [J]. 中国蜂业, 2009, 2: 38-39.
[21] 宋心仿. 服务或质量案焦点问题探析 [J]. 中国蜂业, 2005, 5: 30.
[22] 王秀红. 养蜂人如何避免及应对交通事故 [J]. 中国蜂业, 2007, 6: 37-38.
[23] 李易谷. 蜂农随车押运符合必要性和合理性的法制原则 [J]. 中国蜂业, 2007, 8: 35.
[24] 李易谷. 蜜蜂造成损害应减免养蜂者民事责任 [J]. 中国蜂业, 2011, 3: 27.
[25] 凌国良. 蜜蜂伤人的法律责任与防范 [J]. 中国蜂业, 2008, 5: 25.
[26] 蔡迪. 收治安管理费是否合法 [J]. 中国蜂业, 2007, 11: 38.